U0615972

新能源汽车职业教育产教融合创新教材

新能源汽车技术概论

赵振宁　编　著

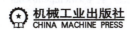

机械工业出版社
CHINA MACHINE PRESS

本书全面介绍了纯电动汽车、混合动力汽车、氢燃料电池汽车的发展概况与技术特点，主要内容包括新能源汽车发展史，新能源汽车简介，典型纯电动汽车，典型混合动力汽车，氢燃料电池汽车，储能装置，电动汽车充电，电动汽车电机及控制，电力电子变换，DC-DC变换器，电动汽车空调和电动汽车制动系统。全书采用实车构造图与原理图相结合的模式，彩色印刷，便于读者轻松学习。

　　本书可作为高职高专学校新能源汽车技术、汽车服务与营销、汽车检测与维修技术等专业的教材，也可供从事新能源汽车工程技术人员参考。

图书在版编目（CIP）数据

新能源汽车技术概论 / 赵振宁编著.— 北京：机械工业出版社，2022.4（2025.1重印）
新能源汽车职业教育产教融合创新教材
ISBN 978-7-111-70716-5

Ⅰ.①新…　Ⅱ.①赵…　Ⅲ.①新能源—汽车—高等职业教育—教材　Ⅳ.①U469.7

中国版本图书馆CIP数据核字（2022）第078027号

机械工业出版社（北京市百万庄大街22号　邮政编码100037）
策划编辑：齐福江　　　　　责任编辑：齐福江
责任校对：肖　琳　贾立萍　封面设计：张　静
责任印制：常天培
固安县铭成印刷有限公司印刷

2025年1月第1版第3次印刷
184mm×260mm・11.75印张・309千字
标准书号：ISBN 978-7-111-70716-5
定价：55.00元

电话服务　　　　　　　　　网络服务
客服电话：010-88361066　机　工　官　网：www.cmpbook.com
　　　　　010-88379833　机　工　官　博：weibo.com/cmp1952
　　　　　010-68326294　金　书　网：www.golden-book.com
封底无防伪标均为盗版　机工教育服务网：www.cmpedu.com

前言

　　新能源汽车中的纯电动汽车、混合动力汽车和燃料电池汽车正在引发一场新的汽车工业革命。新能源汽车是集动力机械、强电、弱电和各种电子控制技术于一体的高端汽车产品，新能源汽车行业的发展需要大量相关技术与服务人才。

　　本书全面介绍了纯电动汽车、混合动力汽车、氢燃料电池汽车的发展概况与技术特点，主要内容包括新能源汽车发展史，新能源汽车简介，典型纯电动汽车，典型混合动力汽车，氢燃料电池汽车，储能装置，电动汽车充电，电动汽车电机及控制，电力电子变换，DC-DC变换器，电动汽车空调和电动汽车制动系统。全书采用实车构造图与原理图相结合的模式，彩色印刷，便于读者轻松学习。

　　本书按照定义、分类、结构和基本原理的编写思路循序渐进、逐步深入。由于电动汽车技术的飞速发展，各车厂电动汽车技术设计差异很大，原理介绍采用通用原理举例和某几种典型车型具体原理差别相结合的方式，突出了各车系不同系统的设计特点；针对重要的知识点配套了动画资源，以二维码的形式嵌入到书中相应位置，读者可通过手机扫描书中二维码观看微课讲解。

　　本书由长春汽车工业高等专科学校赵振宁编著，长春汽车工业高等专科学校杨舒乐辅助编写了部分内容，长春汽车工业高等专科学校校长李春明为本书审稿做了大量工作，在此特别表示感谢。

　　由于作者水平有限，书中难免会有疏漏之处，希望读者不吝指正。未经作者同意，严禁对本书内容进行部分复制和传播，否则将追究法律责任。

赵振宁

目录

前言

项目一 ━━

新能源汽车发展史 / 001
单元一　纯电动汽车发展史　/ 001
单元二　混合动力汽车发展史　/ 003
单元三　燃料电池汽车发展史　/ 007
复习题　/ 018

项目二 ━━

新能源汽车简介 / 019
单元一　新能源汽车概述　/ 019
单元二　我国新能源汽车发展状况　/ 022
单元三　电动汽车仪表　/ 027
复习题　/ 031

项目三 ━━

典型纯电动汽车 / 033
单元一　认识纯电动汽车　/ 033
单元二　典型电动汽车组成　/ 035
复习题　/ 037

项目四 ━━

典型混合动力汽车 / 038
单元一　混合动力汽车省油特点分析　/ 038
单元二　混合动力汽车分类　/ 040
单元三　典型混合动力汽车结构　/ 045
复习题　/ 053

项目五

氢燃料电池汽车 / 055

单元一　氢燃料电池汽车概述　/ 055

单元二　商品化燃料电池汽车　/ 057

复习题　/ 059

项目六

储能装置 / 060

单元一　储能装置的性能指标　/ 060

单元二　电动汽车化学电池　/ 066

单元三　电动汽车物理电池　/ 077

单元四　储能装置的复合结构形式　/ 083

单元五　电池管理系统　/ 086

复习题　/ 094

项目七

电动汽车充电 / 096

单元一　电动汽车充电方式　/ 096

单元二　电动汽车传导式充电接口　/ 100

复习题　/ 104

项目八

电动汽车电机及控制 / 105

单元一　电动汽车电机　/ 105

单元二　电机变频控制　/ 109

复习题　/ 115

项目九

电力电子变换 / 116

单元一　汽车电力电子器件认知 / 116
单元二　智能功率模块 / 133
单元三　车用变频器 / 138
单元四　冷却系统 / 143
复习题 / 147

项目十

DC-DC 变换器 / 148

单元一　DC-DC 变换器认知 / 148
单元二　电动汽车辅助子系统 / 149
单元三　单 / 双向 DC-DC 变换器工作原理 / 153
复习题 / 158

项目十一

电动汽车空调 / 159

单元一　汽车热泵式空调 / 159
单元二　空调增加元件 / 169
复习题 / 172

项目十二

电动汽车制动系统 / 173

单元一　再生制动系统 / 173
单元二　电动真空泵 / 176
复习题 / 179

参考文献 / 180

Contents

项目一
新能源汽车发展史

➡️ **情境引入**

　　小林的初中同学在与小林聊天时了解到小林正在学习新能源汽车技术，想听小林介绍一下新能源汽车到底是怎么回事。

➡️ **学习目标**

　　简要说出纯电动汽车发展史。
　　简要说出混合动力汽车发展史。
　　简要说出燃料电池汽车发展史。

单元一　纯电动汽车发展史

一　谁发明了纯电动汽车

　　1886 年，卡尔·本茨发明了以内燃机为动力的汽车，不过电动汽车比内燃机动力汽车有更长的历史。电动汽车的历史可追溯到 1834 年，那一年托马斯·达文波特（Thomas Davenport）制造了一辆电动三轮车，它由一组不可充电的干电池驱动，只能行驶一小段距离。第一辆以可充电电池为动力的电动汽车于 1881 年在法国巴黎出现，它是法国工程师古斯塔夫·土维（Gustave Trouve）装配的以铅酸电池为动力的三轮车，如图 1-1 所示。

图 1-1　1881 年 Gustave Trouve 的三轮电动汽车

二　纯电动汽车初期的大发展

　　与 19 世纪末的内燃机动力汽车相比，电动汽车速度略低，但在其他方面的优点很多，比如起动方便，而且电机工作时没有噪声、没有发动机的振动和难闻的汽油味。另外，直流电机低转速时的大转矩输出特性使它用作汽车动力时不需要复杂的传动系统且操作简便，因而电动汽车成为机动交通工具的一个主要发展方向。

　　从 19 世纪末期到 20 世纪初期，这是电动汽车的黄金时期，法国和英国都出现了电动汽车制造公司，1882 年维尔纳·冯·西门子（Werner von Siemens）制造的无轨电车，如图 1-2 所示。1899 年 4 月 29 日，比利时人卡米尔·杰那茨（Camille Jenatzy）驾驶着一辆名为"快乐"（La Jamais Contente）炮弹外形电动汽车以 105.88 km/h 的速度刷新了由汽油动力发动机保持的世界汽车最高车速的速度记录（图 1-3），这是汽车速度第一次突破 100km/h 大关，"快乐"电动汽车保持着这个汽车速度记录进入 20 世纪。

图 1-2　1882 年 Werner von Siemens 制造的无轨电车　　图 1-3　1899 年 La Jamais Contente 电动汽车

　　同时，大洋彼岸的美国在汽车的普及上比欧洲稍晚，但他们有自己的优势，美国在电力技术发展和普及上领先于欧洲。电灯、留声机的发明家托马斯·爱迪生（Thomas Edison）是电动汽车的坚定支持者（图 1-4）。1911 年《纽约时报》曾经这样评论电动汽车："它经济，不排放废气，是理想的交通工具。"舆论和名人的效应对于电动汽车在美国的推广与普及无疑起到了推波助澜的作用，像美国安东尼电气集团（Anthony Electric）、贝克（Baker）、底特律电气（Detroit Electric）、哥伦比亚（Columbia）和瑞克（Riker）这样的电动汽车制造公司应运而生。当时的美国不仅拥有数量众多的电动轿车和电动货车，Bailey Electric 公司在 1907 年甚至开发了最早的电动跑车（图 1-5）。1897 年纽约出现了第一辆电动出租车，和电动汽车一起相关的配套服务设施也应运而生，美国汉福德电灯（Hartford Electric Light）公司为电动汽车提供可以更换的电池。Detroit Electric 公司不仅制造电动汽车，还建立了充电站，现代电动汽车需要的那些配套设施在 100 多年前就已经建立了。

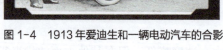

图 1-4　1913 年爱迪生和一辆电动汽车的合影　　图 1-5　1911 年的 Baker Electric Runabout 电动跑车

三　纯电动汽车的第一次末落

　　不过，电动汽车的黄金时代并没有持续太久，20 世纪 20 年代后，内燃机技术达到一个新水平，装备内燃机的汽车速度更快，加一次油续驶里程是电动汽车的 3 倍左右，且使用成本低。相比之下，电动汽车的发展进入瓶颈期，在降低制造成本和改善使用便利性方面没有明显的进步。这种背景下，电动汽车很快失去了存在的意义，1940 年左右电动汽车基本上就从欧美汽车市场中消失了。

四　纯电动汽车的多次昙花一现

1973 年爆发的中东石油危机令全世界陷入石油短缺的境地，人们开始关注其他动力的汽车，电动汽车再一次进入人们的视线中。20 世纪 80 年代至 90 年代，美国和日本的汽车厂家生产了一系列电动汽车，比如克莱斯勒 TE Van 和丰田 RAV4 EV，名气最大的是 1996 年通用汽车公司投产的 EV1 电动轿车（图 1-6），最终都是昙花一现。

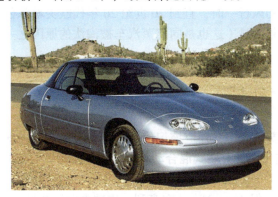

图 1-6　1996 年的 EV1

经过几十年的发展，虽然屡次出现机会，但是直到 21 世纪初期电动汽车没有再现 19 世纪末期至 20 年代初期的辉煌。原因在于它不仅生产成本相对较高，充电时间长、充电便利性差、车重增加较多、续驶里程短，这些缺点严重阻碍了电动汽车的普及。

单元二　混合动力汽车发展史

一　第一辆混合动力汽车

今天的混合动力汽车被视作由传统内燃机汽车发展到未来纯电动汽车的中间形态，但在汽车发展史上，第一辆混合动力汽车出现在纯电动汽车诞生的近 20 年后。令人惊讶的是，其工作原理直到今天仍被用于最新型的混合动力汽车甚至是概念车上。

混合动力汽车的历史要追溯到 1900 年，世界上第一辆混合动力汽车"罗尼尔 - 保时捷"在当年诞生。他的设计来自于 25 岁的费迪南德·保时捷，这个年轻人未来将作为第一代大众甲壳虫的设计师、保时捷品牌的开创者而扬名天下，但当时，他只是位于维也纳的雅各布·罗尼尔公司的一位重要雇员，这是他的第一份工作。这家公司原本是一家豪华马车制造商，从 19 世纪末开始生产电动汽车。

在"罗尼尔 - 保时捷"上，费迪南德采用了串联式混合动力方案，它由汽油发动机为电机提供能量，发电机向安装在前轮内的两个轮毂电动机提供驱动力（图 1-7），最大功率为 10~14 马力（1 马力 =0.735kW）。今天的雪佛兰 Volt 就采用了这种汽油机驱动电机的形式，而轮毂电机驱动则被近来很多纯电动概念车所使用。"罗尼尔 – 保时捷"有双座和四座两种车身形式，也有以蓄电池为能量源的纯电动型号，在此基础上费迪南德还开发出装备 4 个轮毂电机的四驱车型。

图 1-7　保时捷博物馆复原的"罗尼尔 – 保时捷"Semper Vivus

这辆充满灵感的轿车在 1900 年的巴黎世界博览会上大出风头，受到媒体广泛关注，但并未对其市场推广起到帮助作用。"罗尼尔 – 保时捷"售价是同期最贵的奔驰 Velo 的 2.6 倍。虽然在 20 世纪初也有汽油价格上涨现象，但受益者更多是早期电动汽车。作为市内交通工具，纯电动汽车曾在 19 世纪末到 20 世纪初风行一时，直到 20 世纪 20 年代欧美城际公路网逐渐形成，电动汽车"腿短"的缺点越来越明显（这也是同期蒸汽车被淘汰的原因之一）后才渐渐淡出人们的视野。

二　混合动力汽车的发展

在混合动力技术的奠基者中，还应该记住的一个名字是亨利·皮珀（德国工程师和发明家）。他在 1902 年左右发明了并联式混合动力，甚至开发出了配套的早期动力管理系统。亨利·皮珀将这一成果授权一家比利时汽车公司 Auto-Mixed 生产，在 1906 年到 1912 年推出一系列车型，如 Voiturette。但 Auto-Mixed 在亨利·皮珀去世后被另一家公司收购。

在 1915 年，北美洲也出现了一家颇具超前性的汽车制造商——Owen Magnetic。这家公司专门生产混合动力汽车型，采用串联式混合动力。在 1915 年纽约车展上，Owen Magnetic 6 缸混合动力车型首次与公众见面（图 1-8），由于主要用户中包括一些世界闻名的男高音歌唱家，如爱尔兰的约翰·麦考马克和意大利的恩里克·卡鲁索，这个品牌很快就变得广为人知，可以说是早期"明星营销"的成功典范之一。Owen Magnetic 一直生产到 1921 年，最后一款产品是 Model 60 Touring（图 1-9）。

图 1-8　1915 年 Owen Magnetic 6 缸混合动力车型

图 1-9　1921 年 Owen Magnetic 最后一款产品 Model 60 Touring

在同一时期，另一家电动汽车制造商，芝加哥的伍兹汽车公司也生产混合动力汽车型。1916 年伍兹汽车公司宣称他们的混合动力汽车最高时速可以达到 56km，百公里油耗 4.9L。但与烧汽油的对手相比，混合动力汽车始终存在价格昂贵和动力偏弱的问题，很快被淹没在汽油机汽车的汪洋大海中。以 1913 年美国市场为例，电动汽车加混合动力汽车共销售了6000 辆，而采用汽油机的福特 T 型车销售了 182809 辆。从 20 世纪 20 年代开始，混合动力汽车进入了一个近 40 年的静默期。

1966 年美国国会通过的一项议案，这项议案提倡使用电动汽车。旨在减轻日益严重的空气污染。1969 年，通用汽车推出了他们的应对之策——512 系列混合动力实验车。GM 512 甚至比微型车还小（图 1-10），更像玩具，只能乘坐 2 人，后置后驱布局。它采用一套并联式混合动力系统，速度在 16km/h 以内由电机驱动，16~21km/h 为电机和两缸汽油发动机共同工作，21km/h 以上为汽油机单独提供动力，最高时速为 64km。这种玩具般小车在当时的交通环境里基本没有实际意义，因此有批评者认为，通用汽车并不愿意亲手终结盈利颇丰的传统汽车产业，只是用 GM512 来缓解对降低空气污染的舆论压力。

1973 年，影响全球范围的第一次石油危机再次将电动和混合动力汽车推到聚光灯下，比起作用缓慢的空气污染，钱包变薄问题更迫在眉睫。到 1979 年，通用汽车在电动汽车项目上花了 2000 万美元，并乐观地估计到 20 世纪 80 年代中期就可以投入量产，直接跳过混合动力的过渡阶段。丰田公司在 1977 年也推出了一款混合动力概念车（图 1-11）Sports 800 Hybrid，采用燃气轮机＋电机的并联形式。

图 1-10　1969 年通用汽车的微型混合动力实验车 512　　　图 1-11　1977 年丰田混合动力概念车

进入 20 世纪 80 年代后，各大汽车制造商都在进行新能源领域的尝试，奥迪在 1989 年展出了在奥迪 100 Avent Quattro 基础上研发的 duo 实验车（图 1-12），由 12.6 马力的电动机驱动后轮，能量来自可充电的镍镉电池，136 马力的 2.3L5 缸汽油机驱动前轮。奥迪 duo 的尝试一直持续到 1997 年，基于 A4 Avent 的第三代 duo 正式量产（图 1-13），使奥迪成为第一家生产现代混合动力汽车的欧洲厂商，但这款车型并未得到市场认可而最终停产。宝马则在 1991 年推出了电动概念车 E1（图 1-14），同年日产也发布了电动概念车 FEV（Future Electric Vehicle）（图 1-15），并在 1995 年发布了第二代 FEV（图 1-16）。

图 1-12　1989 年奥迪第一代混合动力实验车 duo　　　图 1-13　1997 年基于 A4 Avent 的第三代
　　　　　　　　　　　　　　　　　　　　　　　　　　　　　　　 duo 正式量产

图 1-14　1991 年宝马电动概念车 E1

图 1-15　日产 1991 年推出第一代 FEV 概念车

　　20 世纪 90 年代中期，苦心钻研的通用汽车终于修成正果，世界上第一辆现代意义上的量产电动汽车 EV1 在 1996 年上市（图 1-17），但短暂的生命周期似乎证明了电动汽车生不逢时。EV1 的兄弟，纯电动的雪佛兰紧凑型皮卡 S-10 EV 甚至更短命，生产仅 1 年便停产。与 S-10 EV 同样命运的还有福特 Ranger EV，在 4 年的生命周期里才制造了 1500 辆。

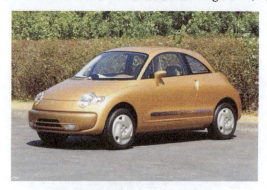

图 1-16　日产 1995 年第二代 FEV

图 1-17　1996 年诞生的 EV1

　　1996 年诞生的 EV1，在 4 年的生命周期里只生产了 1117 辆。福特在 1998 年也拿出了纯电动皮卡 Ranger EV（图 1-18），到 2002 年停产时共生产了 1500 辆。在 EV1 奋力求生的同时，丰田第一代普锐斯于 1997 年上市（图 1-19），只在日本市场发售，少量出口到英国、澳大利亚和新西兰。迄今为止全球最畅销的混合动力汽车就此诞生，在第一年就卖出 1.8 万辆，而到 2011 年 3 月累计销量达到 300 万辆。

图 1-18　福特纯电动皮卡 Ranger EV

图 1-19　1997 年丰田第一代普锐斯

　　在混合动力汽车的历史中，丰田普锐斯是一个重要标志。在经历了近百年风雨之后，混合动力汽车终于迎来了自己的春天。

目前世界上已经有超过 70 余种混合动力汽车问世，在国外最热门、销量最大的新能源汽车是混合动力汽车。

三　混合动力汽车的真正商业化

1997 年，第一款量产混合动力品牌普锐斯由丰田推向日本市场，当年售出 18000 辆。1999 年，本田混合动力双门小型汽车 insight 在美国推出，受到好评。2007 年底，美国权威机构 Autodata 的统计数据显示，2007 年 10 月美国混合动力汽车的销量与上一年相比，同期增长了 30 个百分点，销量为 24443 辆。混合动力汽车型甚至成了平淡的美国汽车市场的一大亮点：2007 年，美国市场混合动力汽车型销量超过 30 万辆。2007 年 5 月 17 日，丰田混合动力汽车全球累计销量突破 100 万辆。

单元三　燃料电池汽车发展史

一　燃料电池之父葛洛夫

燃料电池工作原理是水分解为氢气和氧气的逆过程，正是因为工作原理极为简单才导致燃料电池在 19 世纪就被发明。

自从电被人类发现并投入生活、工业使用，如何低成本且大规模发电，如何认识电就成了几代科学家研究的重点，燃料电池就是其中的一种发电装置。18 世纪英国化学家、物理学家卡文迪许发现氢气。随后，1817 年英国化学家汉弗里·戴维发现铂的催化作用。

1939 年 28 岁的英国物理学家威廉·葛洛夫在科学杂志上发表了一篇论文，证明了氢氧反应发电原理，并在 1942 年发表氢氧发电装置草图（图 1-20），大意是氢气在铂催化作用下生成氢离子，氢离子通过电解液传输到氧气侧生成水，电子通过外电路传输发电，电流如图 1-20 中的箭头所示。

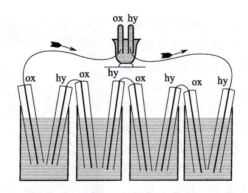

图 1-20　威廉·葛洛夫燃料电池草图（ox 表示氧气、hy 表示氢气）

因此 1939 年被视为燃料电池诞生年，威廉·葛洛夫也被视为燃料电池之父。

早在 1889 年，著名化学家、实业家路德维希·蒙德将电解液由液态硫酸升级为亚液态硫酸，即将片状多孔电极在硫酸溶液中浸润代替液态电解液，这样就使燃料电池结构更为紧凑。

1890 年，英国和法国的两个团队在实验室里组装出结构进一步改进的燃料电池，可以产生一定电流，但价格极其昂贵。他们还意识到一个困扰至今的难题——只有贵金属可以催化燃料电池反应。

但是科学界对电子这一概念缺乏认识，甚至在威廉·葛洛夫发现燃料电池时科学界还没发现电子。

接下来，火力发电和蒸汽发电技术逐渐成熟并大规模开始实用，价格昂贵的燃料电池只能退回到实验室研究状态。

二 燃料电池的应用

1. 应用于军事

20 世纪 40 年代，英国工程师弗朗西斯·托马斯·培根改用氢氧化钾溶液为电解液，多孔镍作为电极，扩大了适用催化剂的种类，这种设计给燃料电池实用化带来了曙光。当时蓄电池技术不成熟，很容易失火，而燃料电池只要氢气、氧气不接触就很难发生意外，用作隔膜的石棉工艺成熟结构可靠，极大地降低了氢氧接触概率，培根意识到碱性燃料电池将非常适合用于密闭空间，比如潜水艇。随后，培根顺利进入英国海军，直到第二次世界大战结束碱性燃料电池也未能成功应用于潜水艇，但这段工作经历维持了燃料电池研究。1959 年培根带领团队制造出功率 5kW 的燃料电池实用系统，虽然价格依旧较为昂贵，但其特殊的性能已足以引起航空领域知名公司普惠公司的注意。

普惠公司是世界三大航空发动机制造公司之一，主要给民用军用飞机生产发动机，同时是联合技术公司旗下一员，联合技术公司号称"你能在这里找到任何东西"，小到电梯空调，大到火箭发动机、宇航服都能生产，这家公司现在仍在从事燃料电池研发生产工作。20 世纪 60 年代初期，普惠公司希望减轻对军事和航空公司的依赖，打算进入航天、舰船和燃料电池发电领域。在普惠公司注意到碱性燃料电池之前，早在 1955 年通用电气就已经用磺化聚苯乙烯离子交换膜代替硫酸做电解质，使酸性燃料电池升级为全固态结构，随后他们又发现可以将催化剂铂直接制备到膜上，使燃料电池结构更紧凑。

2. 应用于航空工业

20 世纪 60 年代的蓄电池可以满足几天的短途宇航飞行需要，但价格昂贵、极重且体积极大，有时宇宙飞船不得不在飞行途中丢下用完的蓄电池以减轻重量。太阳能电池在没有日光时无法供电，需要与蓄电池配合，而且那时太阳能电池能量转换效率极低，即使宇宙飞船外面铺满太阳能电池板都无法满足需要。那时 NASA 正在进行双子星计划（图 1-21），为之后的载人飞船登月积累经验，NASA 需要一种安全稳定、轻便的装置作飞船电源。

图 1-21 双子星号宇宙飞船（无太阳能电池）

相比之下，燃料电池价格比蓄电池便宜，且电池反应是化学反应，不受卡诺循环限制，能量转换效率高达 50%~60%，体积小、重量轻，副产物水还可以供宇航员饮用，因此受到 NASA 青睐。

1961 年苏联宇航员尤里·加加林作为进入太空第一人，美国政府倍感压力，生怕在航天竞赛中落后于苏联，于是排除万难开启了"阿波罗计划"（图1-22），美国政府致力于在20世纪60年代的10年内完成载人飞船登陆月球并返回地球，这一计划浩浩荡荡烧掉了240亿美元。

阿波罗1号使用的碱性燃料电池（图1-23），总重100kg，总功率1.5kW，电极面积约700cm^2。1968—1972年，12次飞行任务内燃料电池没有出现任何事故，虽然阿波罗1号和13号两次事故都与氧气有关。

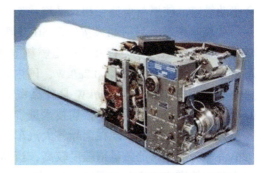

图1-22　阿波罗1号飞行前三名宇航员对着飞船模型祈祷　　图1-23　阿波罗1号使用的碱性燃料电池

在美国、苏联相继在航天领域取得成绩时，中国也在进行"两弹一星"计划，航天相关任务被拆解为无数个子任务由各个科研机构承担。

国内燃料电池在20世纪50年代末期已有研究，为了航天技术发展，中科院大连化学物理研究所朱葆琳先生和袁权院士带领团队开始航天燃料电池系统的研制，历经十年攻关研发出两种航天碱性燃料电池系统，并获得国防科委尖端成果奖，从此又开启了燃料电池在中国的一段故事。

随着太阳能电池、储能电池、核电池等技术的快速发展，燃料电池已经逐步退出航天和部分军事应用，但在民用领域的应用才刚刚开始进入高潮，丰田Mirai燃料电池汽车只是起点。

三　燃料电池汽车的发展情况

据衣宝廉院士介绍，从国际上来看，氢燃料电池汽车发展分为三个阶段。

第一阶段为1990—2005年。1990年美国能源署开始制订氢能和燃料电池研发和示范项目，世界发达国家纷纷加快氢能与燃料电池的研发部署。当时人们对这项技术的攻关难度理解不够，以为燃料电池汽车可能在1995年左右实现产业化，实际上做出的三辆氢燃料电池汽车在试验阶段稳定运行很好，但放在芝加哥上路运行不到一个月就全部垮掉，大家这才意识到燃料电池不适用于汽车的工况。

第二个阶段是2005—2012年。用了7年时间终于解决了燃料电池的工况适应性问题，燃料电池比功率达到了2kW/L，在-30℃也能储存和起动，基本上满足了车用要求。

第三阶段是2012年到现在，丰田燃料电池比功率达到了3.1kW/L，并在2014年12月15日宣布，Mirai氢燃料电池汽车实现商业化，进入了商业推广阶段，其后，本田与现代也推出了燃料电池商业化汽车。因此，从商业化角度，有人把2015年誉为燃料电池汽车元年。

据中国客车网消息，当前国际氢燃料电池汽车的现状为：氢燃料电池汽车已经度过技术开发阶段，进入到市场导入阶段。燃料电池发动机功率密度大幅提升，已经达到传统内燃机的水平；基于70MPa储氢技术，续驶里程达到传统车水平（燃料填充<5min）；燃料电池寿命满足商用要求（5000h）；低温环境适应性提高，可适应-30℃气候，车辆适用范围达到

传统汽车水平。通过技术进步降低成本、批量制造的开发以及加氢站的建设成为下一步研发重心；铂用量的降低，特别是采用非铂催化剂是长期而艰巨的任务。

衣宝廉认为，现在产业化的关键问题是进一步建立生产线、降低成本和加氢站的建设。这是目前全球燃料电池汽车发展的共同问题。从燃料电池发动机来看，它现在可以做到与内燃机互换，就是体积可以跟内燃机进行互换。从寿命来看，大型客车已经达到了 1.8 万 h，小型汽车也超过了 5000h，功劳主要是采用了"电－电"混合方式，即二次电池与燃料电池混合驱动策略，使燃料电池在相对平稳状态工作，大幅提高了燃料电池的耐久性。

从成本来看，目前如果按年产 50 万辆计，燃料电池每千瓦成本大约是 49 美元，这个价格是可以接受的。业内有种看法是燃料电池汽车受铂（Pt）资源的限制，现在氢燃料电池铂用量国际先进水平能做到 0.2g/kW，国内目前水平是 0.4g/kW 左右，产业化的需求是要降低到小于 0.1g/kW。小于 0.1g/kW 是什么概念？据衣宝廉院士介绍，就是跟汽车尾气净化器用的贵金属量相当，这是需要依靠技术进步逐步实现的。

衣宝廉院士透露，现在国际各大汽车公司竞争的技术水平都是在燃料电池小轿车上体现，而小轿车对加氢站的数量依赖度较高，当加氢站达不到像加油站那么普及时，选择大型客车、物流车或轨道交通车发展是比较实际的做法。也就是对加氢站依赖度越低，越容易首先实现燃料电池汽车产业化，不会让用户产生加氢焦虑。

衣宝廉说，从全球发展来看，燃料电池汽车现在已经进入商业化导入期，当下的焦点就是降低成本和加氢站的建设。燃料电池发动机从性能、体积上可以实现与传统内燃机互换，低温适应性可以达到 -30℃，续驶里程可以达到 700km，一次加氢时间不超过 5min，与燃油车效果完全一样。随着企业界的参与，产品工艺的定型，批量生产线的建立，以及关键材料与部件国产化，相信燃料电池成本会得到大幅度降低。此外，要加大力度推进加氢站的建设，目前，国内一些能源公司、工业副产氢公司及地方政府对加氢站建设表现出了极大的兴趣，纷纷制定规划投入开发，开始从事加氢站的建设，从数量上逐渐满足区域性加氢（如公交运营线、物流区等）需求。

四　世界各国燃料电池汽车发展史

1. 奔驰公司甲醇燃料电池汽车发展史

甲醇，又称"木醇"，数千年来，人们通过"蒸馏木材"来获得甲醇这种可以燃烧的液体，可以算是对生物质的"清洁利用"的鼻祖。而甲醇作为一种燃料，最早是在第二次世界大战后期时，德国的原油供应受到限制，需要用一种新的液体燃料来进行替代，当时就对甲醇进行了大量的研究，尤其是甲

图 1-24　甲醇内燃机轿车

醇与过氧化氢的混合液，曾经在战斗机上得到应用。甲醇再一次作为燃料进入人们的视野是在 20 世纪 70 年代的石油危机以后。当时作为汽车行业的先锋，奔驰公司基于 S 级轿车平台开发出了一款甲醇内燃机轿车（图 1-24）。作为燃料，甲醇受到重视不仅仅限于内燃机，各大主机厂在发展氢燃料电池的过程中，对甲醇的重视度也很高。

1966 年的通用汽车的第一台燃料电池汽车（图 1-25）Electrovan 采用了"碱性燃料电池"，车上携带了氢气罐和氧气罐，从空间布置上来讲，气罐占据的体积比较大。

Necar 1：真正现代意义上的燃料电池汽车搭载 PEM 质子交换膜的版本算是奔驰公司的 Necar 车（图 1-26）。Necar 车有两种诠释法：一个是 New Electric CAR，另一个是 No Emission CAR，产生这种区别的原因在于是否使用了甲醇作为燃料的来源。Necar 系列的车从 1994 年开始，一共做了 5 代，和甲醇结下了不解之缘。Necar 1 是基于奔驰公司的 MB100 的小面包平台，后箱内放置 30kW 的质子交换膜电堆，续驶里程 130km，采用高压氢罐，300bar（1bar=10^5Pa）压力的方式，1994 年面世时，揭开了燃料电池研究的序幕。

图 1-25　通用汽车碱性燃料电池汽车

图 1-26　世界上第一辆 PEM 燃料电池汽车 Necar 1

Necar 2：（图 1-27）1996 年，将平台换为 V 系列的平台，这款商务旅行车的车顶被有效利用起来，增加了更多的实用空间。此时，电堆的功率虽然也是 50kW，但是燃料电池的系统输出功率已经可以做到 45kW，车辆的续驶里程也增加到了 250km 以上。也正在这一代的产品上，开始意识到，续驶里程方面，储氢罐有较大的局限性。于是在 Necar 2 的基础上开始进行技术分支，导入甲醇作为氢气的来源。与此同时，也开始计划液氢和纯氢的对比。

图 1-27　Necar 2 采用纯氢罐为氢气载体

Necar 3：在 1997 年推出的 Necar 3 基础上（图 1-28），奔驰公司率先使用甲醇重整技术，将甲醇重整成为氢气和二氧化碳，将氢气导入电堆发电，氢气即产即用。38L 的甲醇箱内的甲醇可以支持这辆 A 级车行驶 300km 以上。这辆车的后座部分被用来防止甲醇重整的装置，电堆被布置在底盘之下（图 1-29）。

图 1-28　使用甲醇作为燃料的 Necar 3 燃料电池汽车

图 1-29　使用甲醇重整制氢的 Necar 3

　　Necar 4：1999 年和 2000 年推出的 Necar 4a 和 Necar 4（图 1-30）同样也是和 Necar 3 一样的平台，一样的车型，但是它们的氢的储存方式不一样。Necar 4a 基于液体储氢的思路，配置了压力为 9kg，低温储存箱在 -200℃ 多的氢系统。续驶里程达到了 450km 以上，充分体现了液体氢的优势。一年以后推出的 Necar 4a 依旧采用高压氢气瓶，在有限的空间里仅能携带 2.7kg 的氢气，续驶里程仅 200km 多。此时的电堆技术已经可以发展到了 75kW 的等级。

　　Necar 5：最有跨时代意义的是 2000 年推出的 Necar 5，这款车在 Necar 3 的基础上有了很大的性能提升，尤其体现在"减体积"方面。电堆依旧被布置在地板下，重整器、CO 去除装置均被扁平化集成在车底下（图 1-31）， 具备高度的集成化的重整制氢系统，功率达到 75kW，续驶里程在 400km 以上。

图 1-30　Necar 4 及 4a 分别以高压氢罐和液体氢作为燃料

图 1-31　Necar 5 内部构造

　　2002 年 5 月 20 日至 2002 年 6 月 4 日，3 辆 Necar 5 从旧金山出发，横跨美国抵达华盛顿，行程达 5000km，从海平面到 2600 多 m 的高海拔地区，这批车每 500 多 km 加注一次甲醇，历时 14 天，完成了测试。项目负责人 Ferdinard Panik 当时预测到 2010 年会有部分车辆量产后租给特定人群。后来定型的 F-CELL（图 1-32）基于 B 级 的压缩氢气罐类型，共生产了几百台，在德国通过特种租赁的方式进行推广测试。

图 1-32　基于高压氢的奔驰氢燃料电池汽车 F-CELL

2. 丰田燃料电池汽车发展史

　　1996 年，丰田推出了第一款燃料电池概念车 FCHV-1 参加了大阪的游行，这是一款改装自 RAV4，采用了 10kW 的 PEMFC 和金属储氢装置的 FCEV，又称 EVS13。该车的续驶里程达到了 250km。

　　1997 年，丰田紧接着推出了第二款燃料电池车型——FCHV-2。该车同样改装自 RAV4，搭载了 25kW 的 PEMFC，并且使用了甲醇重整燃料电池，使其续驶里程达到了 500km。

　　2001 年 3 月，丰田推出了第三款燃料电池车型——FCHV-3。这次丰田不再玩 RAV4 了，改用汉兰达改装。该车采用了功率高达 90kW 的 PEMFC，依然采用了金属储氢装置。另外，丰田在 FCHV-3 上使用了镍氢电池作为辅助电池系统，这一设计是参考了普锐斯的动力系统。

　　2001 年 6 月，也就是推出 FCHV-3 的三个月后，丰田推出其改进版 FCHV-4。该车最大的特点是使用了高压储氢罐的方式储氢，共采用 4 个 25MPa 的高压气罐，每个气罐体积达到了 34L，此举让 FCHV 的储氢系统重量减轻了 250kg，达到了 100kg 的级别。由于当时压力较低，

FCHV 的续驶里程反而减少到了 250km。

2002 年，丰田推出了在 FCHV-4 上改进 FCHV，得到了日本政府的认证，并开始在日本和美国进行小范围的销售。并且在 2005 年，丰田的 FCHV 得到了日本政府的型式认证。

2008 年，丰田推出了 FCHV-adv，也就是这款车搭载了丰田第二代燃料电池。该车依然是基于汉兰达的平台改装而来，使用了 4 个 70MPa 的储氢罐，续驶里程达到了 760km。

2015 年，大家熟悉的 Mirai 上线了。10 月 21 日，Mirai 开始在加州销售和交付。Mirai 是丰田首款量产的氢燃料电池汽车。车如其名，Mirai 被丰田汽车视为"未来之车"。在 2017 年的东京车展上，人们看到丰田推出的新车型包括概念车在内，都是氢燃料电池汽车。迄今为止，丰田混动汽车在全球范围内已经销售了 1100 万辆。如今，国际车坛把混动技术的普及当作汽车转型入门的开始，即便是插混或纯电动也都离不开以混动为基础。从那时起，福特和宝马也都积极地与丰田寻求这方面的合作引起业界关注。

在试驾"未来"这款车时，体会最深的是不影响传统汽车的驾驶习惯，没有了发动机的声响，开车的静谧性极佳，一次充气（氢），只需 3min，就能行驶 500km，与传统车加油的时间相当。这款车的售价是多少？如果折合成人民币，也只有 40 万元左右（723.6 万日元）。按照丰田 2050 战略，HEV、PHEV 只是短期目标，而中长期目标则要靠 FCV，最终要实现零排放目标。而"未来"的推出，表明丰田这一目标实现已经提前。

尽管"未来"还处在实证实验阶段，但按丰田办事风格来看，一项新的技术和成果不到成熟阶段是不会示人的，就像在中国实施双擎战略，先建研发中心，再国产，而后再上市。事实证明，这种"后发制人"的策略，表明对技术的自信和市场的把握，对前瞻的洞察有充分的准备。尤其是当零差价的双擎（卡罗拉和雷凌）一经问世，就无敌手，一举成为混动市场的标杆。而今，"未来"来了，可以预见，这是继双擎之后零排放的最为理想的终极车。

未来的世界是肯定的，全球主要国家都将使用新能源车，如同各国确定的政策目标时间限制一样，这是确定的大趋势。关键在于，用什么样的技术路径去实现？安邦智库早已警告过，汽车产业政策由中国的汽车行业来制订，自说自话是存在巨大风险的。现在看，这样的风险正在日益转化为不可接受的现实。

在 2014 年以前，丰田已经在燃料电池领域取得了技术突破，可以使车用燃料电池的成本从 100 万美元降到 5 万美元，降幅高达 95%！2015 年丰田 Mirai 成为首次投放市场的量产燃料电池汽车。

丰田 Mirai 的结构（图 1-33）与传统的汽油车或纯电动汽车都不一样，如果硬要找出一个类似的结构，可能丰田最畅销的普锐斯跟 Mirai 会有着一点点相似的结构吧。

Mirai 的动力系统即丰田燃料电池堆栈，是以燃料电池堆栈为核心组件的混合动力系

图 1-33　丰田 Mirai（未来）结构

统。TFSC 没有传统的汽油发动机，也没有变速器，发动机舱内部是电机和电机的控制单元。在驾驶舱底部布置着的燃料电池堆栈是整套系统的核心，在车身后桥部分放置着一个镍氢动力电池组和前后两个高压储氢罐，Mirai 加满 5kg 氢气就可以行驶 650km！

3. 本田燃料电池汽车发展历史

本田从 1999 年开始研发燃料电池汽车，在使用巴拉德系统的同时也一直坚持自主研发燃料电池系统。本田的燃料电池汽车被认为可以与丰田的 Mirai 媲美，与其一直坚持自主研发

有着密切联系。国内汽车厂商和燃料电池厂商应当从国外的先进企业中吸取经验。

在日本，除了丰田，本田同样是知名的燃料电池汽车制造商。从 1999 年开始，本田一直坚持燃料电池汽车的研发，并在 1999—2003 年间坚持每年推出一款新的燃料电池汽车，每一次都有着明显的进步，并且在 2003 年的 FCX-V4 之时，技术参数已经与现在的燃料电池汽车已经非常接近。

但在 2003 年后本田停止了对燃料电池汽车持续的更新，直到 2007 年才再次推出了一款燃料电池汽车 Clarity，这个名字也一直沿用到现在。2007 年之后，本田再次"断更"，直到 2016 年才重新推出了新的 Clarity FUEL CELL。

（1）FCX-V1 和 FCX-V2

图 1-34　本田 FCX-V1 燃料电池动力汽车

1999 年 9 月 6 日，本田汽车有限公司先后推出了 FCX-V1（图 1-34）和 FCX-V2，两款由燃料电池驱动的原型车。这两款原型车均采用本田专为电动汽车设计的 EV Plus 车身，以及本田自己的小型驱动电机和控制系统。其中 FCX-V1 使用了来自巴拉德的固体聚合物燃料电池（PEFC），输出功率达到了 60kW，储氢系统使用了合金储氢罐（La-Ni5）。FCX-V2 则使用了本田自产的甲醇重整器和自制的 PEFC，功率也是 60kW。这两款车均使用了电池作为辅助系统。这是本田燃料电池汽车的原型车。

（2）FCX-V3

2000 年 9 月，本田推出了 FCX-V3（图 1-35）。经过了一年的时间，FCX-V3 最显著的变化是使用了来自 Civic GX 的 25MPa 的高压储氢罐。燃料电池系统依然有两个版本，一个来自于巴拉德，另一个则是本田自制。辅助电池系统则由电池换成了超级电容器。V3 的续航里程达到了 180kW。值得一提的是，FCX-V3 参与了美国加利福尼亚州燃料电池合作计划（CaFCP），去加州进行了道路试验。

（3）FCX-V4

2001 年 9 月，本田推出了 FCX-V4 燃料电池动力汽车（图 1-36）。本田对于 FCX-V4 进行了全新的设计，最值得注意的变化是该车使用了 35MPa 的高压储氢罐，续驶里程也由 180km 上升到 300km。2002 年 7 月 24 日，本田 FCX 成为世界上第一辆获得政府认证的燃料电池汽车。

图 1-35　本田 FCX-V3 燃料电池动力汽车

图 1-36　FCX-V4 燃料电池动力汽车

（4）FCX

2002 年 9 月，本田推出了 FCX 燃料电池汽车原型车（图 1-37），并于 2002 年 12 月 3

日在日本和美国交付首批本田 FCX 燃料电池汽车。FCX 是世界上第一辆获得美国政府批准商业化的燃料电池汽车。

2003 年 10 月，本田推出了配备燃料电池堆栈的 FCX（图 1-38），这是一款非常紧凑的新一代燃料电池组，具有高性能，可在低温下运行。这是世界上第一个采用冲压金属双极板和新开发的电解质膜的燃料电池系统。由此，其功率提高到了 80kW，续驶里程也增加到了 450km。本田开始对车辆的冷起动和驾驶性能进行公开测试，以推动燃料电池汽车的更广泛使用。

图 1-37　FCX 燃料电池汽车原型车

图 1-38　FCX 燃料电池汽车

（5）FCX Clarity

本田在 2003 年后结束了每年推出一款燃料电池汽车的节奏，直到 2007 年，本田终于再次发布了新的燃料电池汽车——FCX Clarity（图 1-39），这个名字一直沿用到现在。本田于 2007 年 11 月在洛杉矶车展上推出了 FCX Clarity 燃料电池汽车。FCX Clarity 是一款全新设计的燃料电池汽车，由本田 V Flow 燃料电池组提供动力。该车的许多参数已经与现在的燃料电池汽车非常接近，比如燃料电池功率达到了 100kW，使用了锂离子电池作为电池辅助系统，使用了 35MPa 的高压储氢罐。由于使用了众多先进技术，该车的续驶里程达到了 620km。当时，本田计划在 3 年内量产 200 辆 FCX Clarity。

又过了 9 年之后，本田有 2016 年 3 月开始在日本销售全新燃料电池汽车（FCV）CLARITY FUEL CELL（图 1-40），也就是我们所熟知的本田 FCV Clarity。该车使用了本田自研的燃料电池系统，功率达到了 103kW，储氢罐压力达到 70MPa，续驶里程高达 750km。本田自研的燃料电池系统非常紧凑，前舱就能完全将燃料电池系统完全容纳。

图 1-39　燃料电池汽车——FCX Clarity

图 1-40　本田全新燃料电池汽车（FCV）CLARITY FUEL CELL

（6）Puyo

在 2007 年东京车展上，本田推出了一款燃料电池概念车 Puyo（图 1-41）。有趣的是，该车用操纵杆取代了转向盘，最酷的地方则是该车的车身可以 360° 旋转，因此该车没有倒车的必要。

图 1-41　本田燃料电池概念车 Puyo

4. 中国燃料电池汽车发展

我国的氢燃料电池汽车已经进行了十几年的研发，从"九五"开始，现在进入"十四五"。2008 年北京奥运会 23 辆车，其中 3 辆大巴，20 辆轿车。2009 年有 16 辆车到美国加州进行了试验。2010 年上海世博会，一共是 196 辆燃料电池汽车参加了运营。燃料电池功率是 50kW，锂电池的功率是 20kW，此外，还参加了新加坡的世青赛。北京奥运会期间在 801 路公交车上进行了示范运行，燃料电池功率是 80kW。

在这之后，上汽进行了 2014 创新征程万里行，燃料电池汽车、纯电动汽车和插电式混合动力汽车三种车型参加了示范，燃料电池汽车在全国 25 个城市运行，超越 10000km，接受了沿海潮湿、高原极寒、南方湿热、北方干燥的考验。客车方面宇通推出了第三代燃料电池客车，氢燃料加注时间仅需 10min，测试工况下续驶里程超过 600km，尤其是成本下降了 50%。此外，福田燃料电池客车也亮相北京奥运会和上海世博会，近年来技术又得到提升。近期，上海大通 V80 氢燃料电池版轻客，采用新源动力电堆驱动，最高车速可达 120km/h。

国家公布的"中国制造 2025"重点技术领域技术路线图中提到，在 2025 年之前，我国氢能汽车方面的制氢、加氢等配套基础设施基本完善，燃料电池汽车实现区域小规模运行。为了推行氢能燃料电池汽车，国家出台了相应的补贴政策，同时国务院办公厅提出：对符合国家技术标准且日加氢能力不少于 200kg 的新建燃料电池汽车加氢站每个站奖励 400 万元。相信沿着这个目标，中国的氢燃料电池汽车，尤其是氢燃料电池客车必定会有一个大的发展机会。

5. 五大建议促氢燃料电池汽车产业化

针对中国氢燃料电池汽车发展问题，衣宝廉院士结合多年研发和实践工作，着重讲了他的 5 个建议，分别是：

（1）实现关键材料的批量生产

希望有志于燃料电池事业的企业家，投资建立燃料电池关键材料与部件的批量生产线，实现燃料电池关键材料与部件的批量生产，建立健全燃料电池的产业链。

（2）提高燃料电池电堆和系统可靠性和耐久性

希望研究车用工况下燃料电池衰减机理的科研单位与生产电堆和电池系统的单位真诚合作，开发控制电堆衰减的实用方法，大幅度提高电堆与电池系统的可靠性与耐久性。

（3）空压机、储氢瓶和加氢站

加快车用燃料电池系统用空压机与 70MPa 储氢瓶的研发和加氢站建设。加大科研投入，联合攻关；空压机也可采用引进技术，合资建厂。

（4）加速轿车用燃料电池技术的开发

开发长寿命的薄金属双极板，大幅度提高燃料电池堆的重量比功率与体积比功率；开发有序化的纳米薄层电极，大幅度降低电池的铂用量和提高电池的工作电流密度；采用立体化流场，减少传质极化。

（5）加强整车的示范运行与安全实验并扩大燃料电池汽车示范运行

针对国内氢燃料电池汽车市场化上述 5 个建议，衣宝廉院士详细解释如下：

第一是关于实现关键材料的批量生产。

目前，国产氢燃料电池发动机为什么比国外贵？其中一个因素就是我们的材料都是进口，这些材料包括催化剂、隔膜、碳纸等。其实这方面国内已经取得了一定的研发成果，如国内的催化剂、复合膜、碳纸等从技术水平上已经达到或超过国外商业化产品，急需产业界投入建立批量生产线，实现国产化。

第二是提高电堆与系统的可靠性和耐用性。

现在中国的氢燃料电池汽车整体而言其实不比德国、美国、日本的车差，但可靠性和耐用性还有待于提高。建议研究车载工况下燃料电池衰减机能的科研单位与电堆生产和电池系统的电池生产单位真诚合作。

燃料电池系统的寿命不完全是由电堆决定的，还依赖与系统的配套，包括燃料供给、氧化剂供给、水热管理和电控等，系统内部关系搞不好，电堆在里边生活环境就不好。就像现在国人讲养生，首先是身体基因，更重要的是生活环境、个人保健等一系列事情，电池的寿命也是一样的。

大连化物所在燃料电池衰减机理及控制策略方面已经开展了一些卓有成效的工作。研究表明采用限电位控制策略，可以显著降低燃料电池起动停车、怠速等过程引起的高电位的衰减。采用"电-电"混合策略，可以平缓燃料电池输出功率的变化幅度，对延长燃料电池的寿命起到了决定性的作用。此外，氢侧循环泵、MEA在线水监测等措施可以有效地改善阳极水管理，可以提高燃料电池耐久性。

第三是关于燃料电池系统用的空压机与70MPa氢瓶的研发及加氢站的建设。

这是涉及燃料电池示范运行的一个大问题。希望我国能够加大科研投入，联合攻关。鉴于我国在燃料电池汽车载空压机技术方面比较薄弱，建议采用引进技术与自主开发相结合的方法，尽快推进。高压氢瓶方面，建议尽快建立70MPa IV型瓶的法规标准，氢瓶成本还要进一步降低。加氢站方面，尽管国家有补贴政策，但成本还是比较高，近期，可以根据燃料电池商用车或轨道交通车区域或固定线路运行的特点，建立区域性加氢站，满足示范运行需求，随着燃料电池汽车数量的增大，加氢站也会逐步增多，这是市场发展的必然趋势。

第四，就是加速轿车燃料电池的开发。

商用车看重的是可靠性和耐久性，对质量比功率和体积比功率没有太高的要求；轿车是各大汽车公司比拼的地方，因为车辆内空间有限，轿车要求重量比功率和体积比功率较高。现在都要达到3kW/L以上。大连化物所电堆体积比功率已经达到了2.7kW/L，接近国际先进水平。还要在高活性催化剂、低Pt电极、有序化MEA、3D流场方面做些研究工作。

第五就是加速燃料电池汽车示范及安全实验。

联合国环境开发署三期"促进中国燃料电池汽车商业化发展"示范项目计划在北京、上海、郑州、佛山、盐城5个城市进行燃料电池汽车示范。此外，云浮市也在积极推动示范运行项目，这是好事，但远远不够，还要加大示范力度。

安全性问题是老百姓比较关注的事情。一听说燃料电池带高压氢，大家都害怕。其实氢气比较轻，它的扩散系数是汽油的22倍，氢气漏出来以后很快就向上扩散了，不像汽油，漏出来以后就滞留在车的旁边。汽油着火是围绕车燃烧的，氢气的火是在车辆上方的，所以氢气在开放空间里是非常安全的。但氢气在封闭空间的安全性要引起足够重视，如家用氢燃料电池汽车在车库里，这个车库要加氢传感器，还要加上通风装置。现阶段建议载有氢燃料的车最好露天停放。

总之，我国政府非常重视新能源汽车的发展，燃料电池汽车迎来了好的发展机遇。科研院所与企业界要联合攻关，继续完善燃料电池技术链，发展燃料电池产业链，加快促进我国燃料电池汽车商业化发展。

目前，燃料电池汽车样车开发和示范运行都已证明其技术的可行性，但要达到实用化还面临着很多的挑战，主要为：

（1）燃料电池的寿命需要进一步提高

目前燃料电池的使用寿命只有 2000~3000h，而实用化的目标寿命应大于 5000h。因此减缓和消除工况循环下材料与性能的衰减、增加对燃料与空气中杂质的耐受力、提高零度以下储存和起动能力等成为研究热点。

（2）燃料电池的成本要大幅度降低

2005 年，美国能源部依据现有材料与工艺水平，预测在批量生产条件下燃料电池系统的成本为 108 美元 /kW，到 2010 年达到的目标成本是 35 美元 /kW。为此需要研究满足寿命与性能要求的廉价替代材料（如超低 Pt 用量的电极、大于 120℃高温低湿度膜等）与改进关键部件的制备工艺，并逐步建立批量生产线。

（3）解决氢源和基础设施问题

结合本地资源情况，选择合适的制氢途径，进行加氢站的建设和示范。同时开展车载储氢材料和储氢方法研究，提高整车续驶里程。

复习题

1. 简要写出纯电动汽车发展史。

_____

_____

_____

2. 简要写出混合动力汽车发展史。

_____

_____

_____

3. 简要写出燃料电池汽车发展史。

_____

_____

_____

4. 发展燃料电池汽车要解决什么问题？

_____

_____

项目二
新能源汽车简介

情境引入

你的同学想买一辆新能源汽车，想咨询你一下，哪款类型的新能源汽车更适合他？另外，如果熟人向你咨询今年新能源汽车补贴的情况，你该如何回答？

学习目标

简要说出电动汽车包括什么。
简要说出燃气汽车包括什么。
简要说出燃氢汽车包括什么。
简要说出生物燃料汽车包括什么。

单元一　新能源汽车概述

一　新能源汽车概念和类型

我国在 2009 年 7 月 1 日正式实施了《新能源汽车生产企业及产品准入管理规则》，明确指出：新能源汽车是指采用非常规的车用燃料作为动力来源（或使用常规的车用燃料，但采用新型车载动力装置），综合车辆的动力控制和驱动方面的先进技术，形成的技术原理先进、具有新技术和新结构的汽车。

新能源汽车包括电动汽车、气体燃料汽车、生物燃料汽车、氢燃料汽车等。

1. 电动汽车

配置大容量电能储存装置，行驶里程中全部或部分由电机驱动完成的汽车统称为电动汽车。电动汽车包括纯电动汽车（图 2-1）、油电混合动力汽车（图 2-2）和燃料电池汽车（图 2-3、图 2-4），目前新能源汽车主要是指以上三种电动汽车。

图 2-1　日产纯电动汽车聆风（LEAF）

图2-2 丰田混合动力普锐斯
（PRIUS）

图2-3 韩国NEXO燃料电池汽车

图2-4 奔驰燃料电池汽车

2. 气体燃料汽车

气体燃料汽车包括天然气（图2-5）、液化石油气，两用燃料汽车和双燃料汽车。两用燃料汽车又分为两用非混合燃料汽车和两用混合燃料汽车。

图2-5 压缩天然气（CNG）气体燃料客车

1）两用非混合燃料汽车是指具有两套相对独立的供给系统，一套供给天然气或液化天然气（LNG），另一套供给天然气或液化石油气之外的燃料，两套燃料供给系统可分别但不可同时向气缸供给燃料的汽车，如汽油/压缩天然气两用燃料汽车等。

2）两用混合燃料汽车是指具有两套燃料供给系统，一套供给压缩天然气（CNG）或液化石油气，另一套供给天然气或液化石油气之外的燃料，两套燃料供给系统按预定的配比向气缸供给燃料，在气缸混合燃烧的汽车，如柴油—液化石油气双燃料汽车等。

两用非混合燃料汽车在出租车上较多见，但两用混合燃料汽车仍未批量生产。

3. 生物燃料汽车

生物燃料汽车指燃用生物燃料（图2-6）或燃用掺有生物燃料的燃油（图2-7）的汽车，目前主要包括乙醇燃料汽车（E10乙醇汽油车）和生物柴油汽车。与传统汽车相比，生物燃料汽车结构上无重大改动，排放总体上较低，在国内有一定的应用。

图2-6 沃尔沃生物燃料汽车

图2-7 长城生物燃料汽车

4. 氢燃料汽车

氢燃料汽车是以氢气作为主要能量驱动的汽车。氢气内燃机在汽车上的应用方式有 3 种：纯氢内燃机、氢/汽油双燃料内燃机、氢－汽油混合燃料内燃机。

使用氢气为燃料的内燃机研发早已有了一段时间，但一直没有进入实际量产的阶段。不过在 2006 年 7 月 17 号，福特将全世界第一具量产 V10 氢气发动机（图 2-8）下线以后，这种情形已然改变。这也使得福特成为全世界第一间把氢气发动机正式量产的车厂。这具 6.8L 机械增压的 V10 发动机，会提供给福特旗下的 E-450 氢气燃料小型客车（图 2-9）使用。

图 2-8　福特氢气内燃发动机
（福特 6.8L 的 V10 发动机）

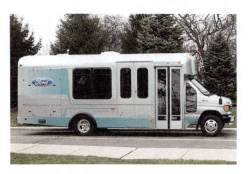

图 2-9　E-450 氢气燃料小型客车

当然还有利用太阳能（图 2-10）、原子能等其他能量形式驱动的汽车。原子能汽车中，一吨的"钍"能制造出 1GW·h 的电，利用"钍"作为汽车电力，只要 8g 就相当于加了 6 万 gal 的油，几乎等于一辈子加一次，就不用再补充。凯迪拉克推出概念核动力车"WTF"（图 2-11），该车的两个后轮之间有一个微型铀元素核反应堆，能够把水变成高压蒸汽，进而驱动汽车。

图 2-10　丰田太阳能汽车

图 2-11　凯迪拉克推出概念核动力车"WTF"

上面提到的大多类型新能源汽车在我国还处于研发阶段，批量生产的较少。而压缩天然气（CNG）和液化天然气（LNG）汽车尽管为新能源汽车，但因其技术较简单，同时主要应用在重型货车上，所以很少有专业性的介绍。当下批量生产的新能源汽车只有纯电动（EV）和插电式混合动力（PHEV）汽车。燃料电池汽车（FCEV）在中国的发展与日本发展相比差距较大，成本一直降不下来，还需要时间。

二　电动汽车概念和类型

1. 纯电动汽车

纯电动汽车（Battery Electric Vehicle，BEV），它是完全由可充电电池（如铅酸电池、镍镉电池、镍氢电池或锂离子电池）提供动力源的汽车。铅酸电池能量密度低、污染严重，用铅酸电池的低速电动汽车是不列入新能源汽车的，主要是不能满足高速电动汽车（以下称电动汽车）的性能指标，做混合动力汽车的电源是可以的。

虽然纯电动汽车有悠久的历史，但一直仅限于某些特定范围内应用，市场较小。主要原因是各种类别的蓄电池价格高、寿命短、外形尺寸和重量大、充电时间长。

其中，纯电动汽车的电来自于煤、水力、风力、铀、太阳能等发电系统。

2. 混合动力电动汽车

混合动力电动汽车是指使用电机和传统内燃机（汽 / 柴油机）联合驱动的汽车。按动力耦合方式的不同可分为串联式、并联式和混联式。混合动力汽车按是否充电可分为混合动力汽车（HEV）和插电式混合动力汽车（PHEV）

混合动力电动汽车的主要特点在于：采用小排量发动机降低了燃油消耗；将制动和下坡时的能量回收到蓄电池中再次利用，降低了燃油消耗；在繁华市区，可关停内燃机，由电机单独驱动，实现"零"排放。

3. 燃料电池电动汽车

燃料电池电动汽车（FCEV）是利用氢气和空气中的氧在催化剂的作用下在燃料电池中经电化学反应产生的电能驱动的汽车。其特点主要表现在：燃料电池的能量转换效率高达60%~80%，为内燃机的 2~3 倍；燃料电池零排放，不会污染环境。氢燃料来源不依赖石油燃料。

单元二　我国新能源汽车发展状况

一 电动汽车发展的社会环境

汽车是现代社会的重要交通工具，为人们提供了便捷、舒适的出行服务。然而传统燃油汽车在使用过程中产生了大量的有害废气，造成了危害生存的疾病的产生，如图 2-12 所示。另外，汽车数量的增加造成了城市拥挤，并加剧了对不可再生石油资源的依赖。最后，油价的上涨和暴跌也影响着社会对电动汽车的需求。

a）柴油车对环境的污染　　　　　　　　　　　b）汽油车对环境的污染

图 2-12　汽车对环境的污染

1. 在环境方面

如图 2-12 所示，交通能源消耗也是造成局部环境污染和全球温室气体排放的主要原因之一。调查研究表明，平均而言大气污染的 42% 来源于交通运输领域。

2. 在汽车数量方面

我国汽车产销保持快速增长，道路上拥挤的汽车流如图 2-13 所示。智研咨询发布的《2020—2026 年中国新能源汽车行业发展风险评估及发展前景分析报告》数据显示：长期看，扩产周期仍处于早期，预计 2025 年中国汽车产量将达到 3500 万辆左右，新能源汽车占汽车产销的 20% 以上，这意味着 2025 年中国新能源汽车产销的目标为 700 万辆。

图 2-13　道路上拥挤的汽车流

3. 在能源供给方面

中石油经济技术研究院发布的 2018 年《国内外油气行业发展报告》显示，2018 年我国天然气进口持续高速增长，超过日本成为全球第一大天然气进口国，对外依存度大幅攀升至 45.3%，石油对外依存度也上升至 69.8%。预计油气对外依存度还将继续攀升，构建国家油气安全保障体系，提升国际油气市场话语权，成为当务之急。

4. 国际油价变动的影响

2008 年原油突破了 140 美元 / 桶，在 2008 年后的 2010 年 11 月至 2014 年 9 月期间，国际原油月度平均价格有 48 个月都处于 90 美元 / 桶以上的水平。这段时间的油价维持高位促进了全世界对电动汽车研发、生产和销售。另外，也要注意到国际原油价格的暴跌也会在短时期延缓新能源汽车的发展。

二　发展电动汽车的社会效益和环境效益

1. 污染小

纯电动汽车和燃料电池电动汽车在本质上是一种零排放汽车，一般无直接排放污染物，间接污染物主要产生于非可再生能源的发电与氢气制取过程。其污染物可以采取集中治理的方法加以控制；混合动力电动汽车在纯电动行驶模式下同样具有零排放的效果，同时由于减少了燃油消耗，CO_2 排放可降低 30% 以上。另外，电动汽车比同类燃油汽车噪声也低 5dB 以上，大规模推广电动汽车将大幅度降低城市噪声。

2. 节约能源

据测算，传统燃油从开采到汽车利用的平均能量利用率仅为 14% 左右，采用混合动力技术后，能量利用率可以提高 30% 以上。纯电动汽车可以利用电网夜间波谷充电，提供了电网的综合效率。

3. 优化能源消耗结构

我国已探明的石油储量仅占世界石油储量的 2%~3%，从 1993 年开始，我国成为石油进口国。目前，我国交通运输约占石油总消耗的一半。由于电动汽车具有能源来源多元化的特点，各种可再生能源可以转化为电能或氢能加以有效利用；同时，利用电网对电动汽车进行充电，增加了电力在交通能源领域中的应用，减少了对石油资源的依赖，优化了交通能源组成。

三 国内新能源汽车的发展状况

1. 汽车销售

我国新能源汽车产业未来发展空间巨大。从渗透率来看，2018 年我国新能源汽车销量达到 125.6 万辆，约占全部汽车销量的 4.5%；截至 2021 年底我国新能源汽车保有量达 7844 万辆，而传统燃油车保有量达到 2.3 亿辆，新能源汽车保有量渗透率不到 2.6%，成长空间广阔。

2. 双积分政策

以双积分政策为核心构建新能源汽车发展长效机制。2019 年 7 月工信部发布《乘用车企业平均燃料消耗量与新能源汽车积分并行管理办法》修正案（征求意见稿）（以下简称新《积分办法》），主要体现出三点变化：

1）传统燃油车油耗趋严，鼓励发展低油耗车型。

2）NEV 积分下调，比例要求提高。

3）NEV 积分允许结转，延续中小企业考核优惠。

新《积分办法》的出台意味着新能源汽车发展重回节能减排本质，国家大力发展新能源战略不变，但对能耗要求提高，鼓励低油耗车型、插电混动车型等多技术路线发展。新办法将推高新能源积分价值，托底新能源汽车增速，为行业长期发展保驾护航。合理假设情况下，新 NEV 积分政策可提升 2021、2022、2023 年新能源乘用车产量 70 万、75 万、80 万辆左右。

3. 扩大对外开放

放开外资股比限制，扩大对外开放、鼓励国际竞争。外资车企股比限制放开，将提高外资新能源车企在华建厂的积极性。2018 年 6 月发改委、商务部联合发布《外商投资准入特别管理措施（负面清单）（2018 年版）》指出，从 2018 年 7 月 28 日起取消专用车、新能源汽车外资股比限制。该政策极大地提高了外资新能源车企在我国建厂的积极性。国内动力电池市场也将重新迎来 LG、三星等巨头。2019 年 6 月工信部发布公告称，自 2019 年 6 月起废止《汽车动力蓄电池行业规范条件》（以下简称《规范条件》），第一、第二、第三、第四批符合规范条件企业目录同时废止，动力电池领域竞争彻底放开。目录废止后，动力电池领域将迎来更加激烈的行业竞争。

4. 分级别

新能源乘用车呈现大型化、高端化趋势。我国新能源乘用车逐渐往大型化、高端化方向转型。新能源乘用车往高端车型转变，主要受政策和市场两方面因素驱动：

1）补贴政策要求续驶里程门槛提升。

2）市场端代步车销量下滑。A00 车型主要是代步车，因成本小、价格低、叠加共享汽车市场爆发，补贴降低！

PHEV 乘用车往高端车型转变也受政策和市场两因素驱动，不过驱动因素有所不同：

1）双积分政策倒逼部分高端车企生产 PHEV 乘用车。

2）明星车型出现，2018 年上市的宝马 530Le 和 2019 年上市的奥迪的 A6Le 皆为 C 型车，获得市场青睐，推动了 PHEV 市场 C 型乘用车的销量。

5. 分终端

私人消费占比提升，私人消费者已成我国新能源汽车领域购买主力。2018 年我国私人领域新能源汽车销售 55.5 万辆，占比 53.9%，连续两年占比过半。公共领域新能源汽车销售 47.5 万辆，其中出租租赁、企事业单位、城市公交占大头，合计占据 39.4% 的市场份额。

四　曾经的补贴及现在的变化

1. 哪些新能源汽车有资格获得新能源汽车补贴

（1）国家补贴

首先明确是不是所有的新能源汽车都可以获得补贴，据《关于继续开展新能源汽车推广应用工作的通知》中显示，纳入中央财政补贴范围的新能源汽车应是符合要求的纯电动汽车、插电式混合动力汽车和燃料电池汽车。其中"符合要求"，是指新能源车辆需要进入《节能与新能源汽车示范推广应用工程推荐车型目录》，而进入该目录的车型，是从列入国家工信部《车辆生产企业及产品公告》中挑选出来的，而只有自主、合资等国产车型才会被列入这一公告中。

国家补贴与城市有关。如果满足示范城市或区域的条件，可编制新能源汽车推广应用实施方案，提交四部委，择优确定示范城市名单。也就是说，只有进入示范名单的城市才可以。

（2）地方补贴

理论上，可以获得国家补贴的新能源车，也自然会得到地方政府补贴。但经过调查后发现，这种理论未必在哪里都行得通。比如，在北京享受地方补贴的新能源车并不包括插电式混动车型，且只有进入北京市自己制定的《北京市示范应用新能源小客车生产企业和产品目录》的纯电动汽车、燃料电池汽车才能享受政府补贴。

2014 年 7 月免征新能源汽车车辆购置税的决定在国务院常务会议上获得通过。这是继加大补贴力度、给予牌照优惠政策、加快充电桩建设后的又一政策。以目前新能源汽车发展的情况来说，需求速度低于预期，如果新能源汽车购置税大幅减免，将有效降低消费者购车成本，促进新能源汽车销量增长。因此随着电动汽车购置税的免征，未来新能源汽车的需求有望进一步提升。

2. 新能源汽车补贴

国家对 2012 年底示范运行的新能源汽车补助包括混合动力汽车（含插电式混合动力汽车）、纯电动汽车、燃料电池汽车（乘用车和轻型商用车），按节油率和电功率比不同，补助标准也不同，对微混、中混、重混都有补助，最低 0.4 万元，最高 5.0 万元，纯电动汽车补助 6 万元，燃料电池汽车补助 25 万元。

2013 年 9 月，国家相关部门出台了《关于继续开展新能源汽车推广应用工作的通知》，其中明确了在 2013—2015 年，对消费者购买新能源汽车继续给予补贴。但在《关于继续开展新能源汽车推广应用工作的通知》中对 2013 年新能源汽车（纯电动乘用车和插电式混合动力乘用车）按纯电续驶里程（工况法）不同提供不同补助标准。2013 年对比 2014 年新能源补贴见表2-1。

表2-1 2013年和2014年新能源补贴对比（补助标准幅度降低5%）

车辆类型	纯电续驶里程 R（工况）		
	80km ≤ R < 150km	150km ≤ R < 250km	R ≥ 250km
纯电动乘用车（2013年）	3.50万元/辆	5.00万元/辆	6.00万元/辆
纯电动乘用车（2014年）	3.325万元/辆	4.75万元/辆	5.70万元/辆
包括增程式在内的插电式混合动力乘用车（2013年）	R ≥ 50km，3.50万元/辆		
包括增程式在内的插电式混合动力乘用车（2014年）	R ≥ 50km，3.325万元/辆		

2013年5月《关于继续开展新能源汽车推广应用工作的通知》（以下简称《通知》）中，对混合动力公交客车没有补助，而只对纯电动客车和插电式混合动力客车给予补助。

1）车长6~8m的电动客车补助30万元，车长8~10m的电动客车补贴40万元。

2）车长10m以上的电动客车补助50万元，插电式混合动力汽车补助25万元。

3）对超级电容器、钛酸锂快充电动客车补助15万元。

4）对燃料电池乘用车和商用车补助分别为20万元和50万元。

5）对纯电动专用车（邮政、物流、环卫等），以蓄电池能量（每kW·h补助2000元）给予补助，每辆车不超过15万元。这是《通知》中专门列出对纯电动专用车给予补助。

这项政策对混合动力城市客车生产企业来说是沉重的打击，因为截至2012年底，25个示范运行城市示范运行车辆中50%以上为混合动力客车，各客车生产企业都在扩大推动混合动力客车，而纯电动客车的生产企业只有安凯、申沃、恒通等为数不多的几家。

2014年新能源汽车补贴标准：按四部委2013年9月13日出台的政策，纯电动乘用车等2014和2015年的补助标准将在2013年标准基础上下降10%和20%。但新标准调整为：2014年在2013年标准基础上下降5%，2015年在2013年标准基础上下降10%，从2014年1月1日起开始执行。

从2013年开始补贴，直至2020年补贴标准连续下降。

3. 最新补贴的变化

财政补贴自2017年开始明显退坡，2019年继续加速退出，2020年后完全退出。从2013年至今，工信部联合其他部委先后发布6份新能源汽车购置补贴通知文件，4次调整财政补贴标准引导市场走向：

1）退坡力度加大。

2）鼓励高能量密度、低电耗技术。

3）补贴转向运营端和基础设施建设。2018年11月四部委印发了"关于《提升新能源汽车充电保障能力行动计划》的通知"，要求引导地方财政补贴从补购置转向补运营，逐渐将地方财政购置补贴转向支持充电基础设施建设等环节。

五 正确自我认识

2022年国内新能源乘用车生产企业按照背景可分为三大阵营：传统自主品牌、造车新势力、外资品牌。造车新势力仍处于量产初期，仅小鹏、蔚来、理想、哪吒、威马、零跑等企业实现量产交付，不过年销量都均未超过 10 万辆。

受此前股比限制与补贴影响，外资新能源车企发力较晚，当前主要以合资形式进入本土市场，如大众与江淮、宝马与长城、奔驰与比亚迪等。目前，国内新能源乘用车市场仍是传统车企主导。2021 年国内新能源乘用车市场销量前十名中有 7 个是传统汽车品牌。新能源客车市场集中度一直在提升，主要是由于存量市场的龙头品牌效应。

经过多年发展，目前三电技术水平快速提升，续驶里程提升明显。动力电池作为新能源汽车三大核心零部件之一，新能源汽车产业快速增长，直接催生了配套动力电池的技术进步。一方面动力电池正极材料从磷酸铁锂转向三元材料，另一方面由普通三元往高镍方向转变，两方面共同促进了动力电池系统能量密度的提升。我国新能源汽车用动力电池技术水平不断提升。本土动力电池厂商已处于全球第一阵营。

不过不要过于乐观，民企汽车毕竟起步时间短，起点低，技术和资金不能与国有企业相比，还会受到国有的中外合资汽车企业的市场挤压，导致很多民企徘徊在低档汽车的品牌和技术领域。在国外电动汽车大量进入，汽车向智能汽车转型的大环境下，它们是否有力气和速度跟得上。

单元三　电动汽车仪表

一　电动汽车仪表

纯电动汽车仪表是在传统燃油车仪表的基础上删除了一部分燃油车仪表功能，增加了电动汽车仪表功能。混合动力汽车则是在传统燃油车仪表的基础上基本不删除原有仪表功能，增加了电动汽车仪表功能。

提示：仪表不一定是真正意义的指针表，可以采用数字模拟指示条和数字显示等。

1. 丰田普锐斯 2012 款仪表

丰田普锐斯 2012 款仪表（图 2-14）显示有安全带指示灯、上电准备就绪指示灯 READY、油箱油量指示灯（E 为空，F 为满）、经济模式指示灯 ECO MODE、车速表 km/h、百公里油耗 L/100km、换档杆指示灯 R N D、电子驻车指示灯 P、电池容量模拟指示（电池图形）、充电状态指示灯 CHG、纯电动模式指示灯 EV、动力模式指示灯 PWR、长 / 短里程 703.8km、油耗 4.9L/100km、平均车速显示 27km/h。

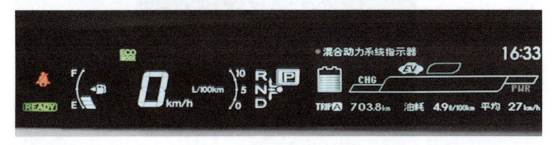

图 2-14　丰田普锐斯 2012 款仪表

2. 日产聆风电动汽车仪表

日产聆风电动汽车仪表（图 2-15）显示有锂离子电池温度表（最左侧）、功率表 POWER（14个圆圈）、多功能显示器、锂离子电池容量表（0为空，1为满）、锂离子电池需要充电指示灯、可续驶里程指示 33miles、驱动轮未锁止 PARK 驻车制动指示灯（车下双向箭头）、内外循环切换指示灯（双箭头）、开门警告灯（中央显示屏）、P 档指示灯、长里程指示 1186miles、短里程指示30.6miles、安全带警告灯。

图 2-15　日产聆风电动汽车仪表

3. 丰田 FCEV-4 燃料电池汽车仪表

丰田 FCEV-4 燃料电池汽车仪表（图 2-16），图中显示有氢气罐存量表（E 为空，F 为满）、经济模式（ECO MODE）指示灯、里程表 547miles、车速表 0MPH（每小时 0 英里）、加氢指示灯 H_2、车外温度指示 68°F、雷达就绪指示灯 REDAR READY、换档杆指示灯 R N D、驱动轮电子驻车指示灯 P、上电准备就绪指示灯 READY、时间显示 7:59、巡航指示灯（右下角加箭头的车速表符号）。

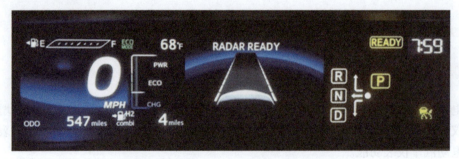

图 2-16　丰田 FCEV-4 燃料电池汽车仪表

4. FCX Clarity 燃料电池汽车仪表

FCX Clarity 燃料电池汽车仪表（图 2-17）显示有电池容量表（E 为空，F 为满）、功率表 POWER、储氢量表 H_2、换档杆指示灯 R N D、里程显示 426km、汽车名牌显示 FCX CLARITY、车外温度显示 21℃、驱动轮锁止用电子驻车指示灯 P。

图 2-17　FCX Clarity 燃料电池汽车仪表（LED 全图形仪表）

二　电动汽车指示灯、故障灯和警告灯

1. 上电就绪指示灯

上电就绪指示灯（图2-18a）点亮说明动力蓄电池的高压电已加至变频器，即高压配电箱的继电器已完成上电工作。当车辆的上高压元件有故障时，高压配电箱可能不会上电（图2-11）。

2. 整车控制故障灯

整车控制（VCU）故障灯（图2-18b）点亮说明整车控制器监测到了有故障，通常这时不会上电成功，意味着车辆无法行驶，需要排除故障。

3. 变频器或电机故障灯

变频器或电机故障灯（图2-18c）点亮代表变频器有故障或电机有故障了，通常这时不会上电成功，意味着车辆无法行驶，需要排除故障。

　a）上电就绪指示灯　　　b）整车控制（VCU）故障灯　　c）变频器或电机故障灯

图2-18　电动汽车指示灯和故障灯

4. 电池管理系统故障灯

电池管理（BMS）系统故障灯（图2-19a）点亮代表电池箱内的电池管理系统监测到电池故障，通常这时不会上电成功，意味着车辆无法行驶，需要排除故障。

5. 动力电池断开指示灯

动力电池断开指示灯（图2-19b）用来指示高压处于下电状态。

6. 高压绝缘警告灯

高压绝缘警告灯（图2-19c）高压绝缘性能下降提醒信息，当绝缘电阻和爬电距离低于规定值时应通过信号装置提醒驾驶人。

绝缘电阻可包括动力蓄电池绝缘电阻、动力系统和车辆电底盘之间绝缘电阻、动力系统和辅助电路之间绝缘电阻，爬电距离包括蓄电池连接端子间的爬电距离、带电部件与电底盘之间的爬电距离。

7. 电池过热警告灯

电池过热警告灯（图2-19d）代表电池箱内的电池管理系统监测到电池过热故障，通常这时不会上电成功，意味着车辆无法行驶，需要排除故障。

8. 动力模式指示灯

动力模式指示灯（图2-20a）是在操作动力模式开关后，在仪表上用来指示的指示灯。启动动力模式后，在同样加速踏板深度的情况下，电机转矩动力输出偏大，车速较快，但行驶距离会变短。

a）电池管理（BMS）　　　b）动力电池断开　　　c）高压绝缘警告灯　　　d）电池过热警告灯
　　故障灯　　　　　　　　　指示灯

图 2-19　电动汽车指示灯、故障灯和警告灯

9. 经济模式指示灯

经济模式指示灯（图 2-20b）是在操作经济模式开关后，在仪表上用来指示的指示灯。启动经济模式后，在同样加速踏板深度的情况下，电机转矩输出偏小，车速相应较慢，但行驶距离会变长。

10. 纯电动模式指示灯

纯电动模式指示灯（图 2-20c）是混合动力汽车上特有的模式开关，在操作此开关后，在仪表上用来指示的指示灯。启动纯电动模式后，混合动力汽车在电池电量允许的范围内，先以电机作为行驶的能量源，在电池电量降低到刚能起动发动机前才自动取消纯电动行驶，起动发动机实现混合动力行驶。

a）动力模式指示灯　　　　b）经济模式指示灯　　　　c）纯电动模式指示灯

图 2-20　电动汽车指示灯

11. 电容存电量不足指示灯

电容存电量不足指示灯（图 2-21a）用于蓄电池剩余容量下限提醒信息，相当于传统燃油汽车的，当动力蓄电池剩余容量低于某个百分数（例如 25%）时，应通过信号装置提醒驾驶人。

12. 充电枪已连接指示灯

当充电枪插入车辆上的充电插座时，充电枪已连接指示灯（图 2-21b）点亮，表示车辆上的充电插座有充电枪插入。

a）动力电池急需充电（电量低）指示灯　　　　　b）充电枪已连接指示灯

图 2-21　电动汽车指示灯

13. 换档杆还没在 P 位警告灯（图 2-22a）

当驾驶人离开车辆，如果驱动系统仍处于"可行驶"状态，换档杆还没在 P 位警告灯

（图2-22a）点亮，提醒驾驶人，防止这种情况下车辆自动行驶。

14. 减速箱 P 位驻车锁车电机控制故障灯

减速箱 P 位驻车锁车电机控制故障灯（图2-22b）亮起时，表明电动汽车减速箱的锁止和释放操作已失效，这时若处于锁止状态车辆将不能行驶，或处于未锁止状态将导致驱动轮无法驻车。

a）换档杆还没在 P 位警告灯　　　b）减速箱 P 位驻车锁车电机控制故障灯

图2-22　电动汽车警告灯和故障灯

15. 其他电动汽车指示灯

动力蓄电池的电压表一般不设计，一些电动汽车设计了，也只是采用数字显示。驾驶人踩下踏板时，数字显示的电压变动量大，数字变动太快，对驾驶人基本没有意义。

动力电池电流一般不设计，若设计时多采用指针表或条状指示表。用来测量流过动力蓄电池的电流。在仪表的标度盘上应规定准确的 0 位置，对于具有再生制动功能的车辆，在标度盘 0 位置的两个方向上都应标示出正常工作电流的范围。少数国产电动汽车会采用数字显示，这种情况不太合理，容易引起驾驶人的过多关注，引起驾驶人注意力不集中。

电动机转速实际中电机转速突变较快，一般不设计电动机转速表表盘，若设计，多采用指针表或条状指示表，当转速超过某一规定值，应特别明显地标示出来。电机超速提醒信息当电机超速时，最好用声信号连同光信号向驾驶人发出警告。

复 习 题

1. 简要写出电动汽车包括什么。

_____

_____

_____

2. 简要写出燃气汽车包括什么。

_____

_____

_____

3. 简要写出燃氢汽车包括什么。

_____

_____

_____

4. 简要写出生物燃料汽车包括什么。

_____

_____

_____

5. 简要写出新能源汽车补贴的两种类型。

_____

_____

_____

6. 简要说明国家新能源汽车发展的新政策。

_____

_____

_____

项目三
典型纯电动汽车

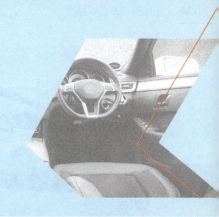

➡️ **情境引入**

小林的父亲购买了一辆吉利 EV450 纯电动汽车，想听你介绍一下这款车的相关知识。

➡️ **学习目标**

简要说出吉利 EV450 纯电动汽车的主要组成。

简要说出吉利 EV450 纯电动汽车传动系的组成。

简要说出客车纯电动汽车传动系组成。

单元一　认识纯电动汽车

电动汽车分为纯电动汽车、混合动力汽车、燃料电池汽车三种，但每种汽车的不同种类也对应不同的具体结构，本章针对纯电动汽车（Battery Electric Vehicle, BEV）进行详细讲解。

电动汽车充电不一定是风能或太阳能，因为在世界范围内电能还是以火电为主，特别是中国更是以火电为主。当电动汽车充电的电能取自太阳能或风能，燃料电池汽车的氢气取自环保电解水制氢时才能称得上完全的绿色汽车。不过火电成本也很低，同时污染可集中处理，所以购买和使用电动汽车相比传统燃油汽车要节能和环保。

目前，由于电池能量密度的限制，电动汽车的行驶里程无法与燃油汽车相比，行驶里程还是制约电动汽车普及的主要因素。只有当电动汽车的电池能量密度技术有所突破时，价格降低后，电动汽车才会普及。

一　吉利 EV450

吉利纯电动汽车系列有 EV300、EV350、EV450、EV500 等，都是按行驶里程命名的，早期的 EV300 已不再销售，EV450 整车如图 3-1 所示，详见吉利官方网站（https://www.geely.com）。

吉利 EV450 前舱直接可见的元件（图 3-2）包括带有 DC-DC 变换器功能的变频器和车载充电机。

图 3-1　吉利 EV450 整车

图 3-2　吉利 EV450 前舱内元件

二　比亚迪 E5

　　比亚迪新能源汽车有王朝系列和 e 系列，王朝系列的汉（轿车）、唐（SUV）、宋（SUV）、秦（轿车）、元（SUV）都有相应的纯电动汽车，e 系列有 e1（微型 SUV 轿车）、e2（小型 SUV）、e3（轿车）、e5（轿车）和 e6（中型 SUV）等。e5 如图 3-3 所示，详情参考比亚迪官方网站（http：//www.bydauto.com.cn）。

图 3-3　比亚迪 e5 纯电动汽车

三　东风启辰

　　东风启辰系列电动汽车，包括 T60EV（紧凑型 SUV）如图 3-4 所示、D60EV（轿车）、E30（小型 SUV）等。详见东风启辰官方网站（https：//www.venucia.com）。

图 3-4　东风启辰 T60EV（紧凑型 SUV）

四　特斯拉 MODEL3

　　特斯拉系列电动汽车，包括 MODEL S（类超跑轿车，如图 3-5 所示）、MODEL 3（类超跑轿车），MODEL X（类超跑 SUV）、MODEL Y（类超跑 SUV）等。详见特斯拉官方网站（https：//www.tesla.cn）。

五　典型纯电动汽车结构和功能

　　典型纯电动动汽车主要部件位置如图 3-6 所示。

图 3-5　特斯拉 MODEL S

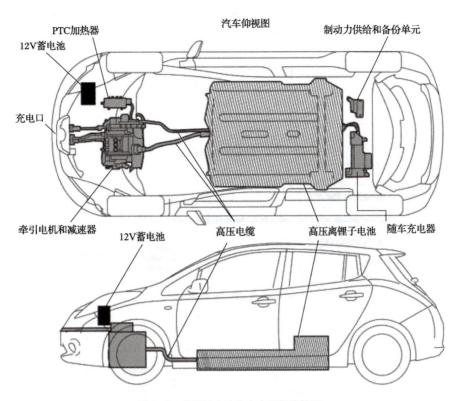

图 3-6　典型纯电动汽车主要部件位置

典型纯电动汽车整车主要部件功能：三相牵引电机用于驱动汽车；12V 蓄电池用于全车控制系统和汽车电气；减速器为固定速比的减速器；锂离子电池高压部件提供 300~400V 的电压；DC-DC 变换器作用是将锂离子高压直流转换为低压 12V 直流为 12V 铅酸蓄电池充电；逆变器作用是将电池的高压直流转换为三相交流；维修塞作用是用于维修时断开高压；电动压缩机采用逆变控制电机转速来驱动压缩机，用于制冷和制热；随车充电器将家用 220V 交流转成 220V 直流，再转换成直流标称电压 403.2V；PTC 加热器采用正温度系数电阻制成，采用高压为车内取暖；电力备份单元内置电容器组，在 12V 蓄电池出现故障时，耗放电能；充电口用于直流快充和交流慢充。

单元二　典型电动汽车组成

目前，商品化的电动汽车为单电机结构。多电机结构由于成本高、技术控制难度大，经常在电动汽车原理性教材中介绍其优越性。未来，多电机结构在商品化轿车中必要性也不是很大，商品化可能性极小，所以本书仅针对单电机结构的电动汽车。当弄懂了单电机结构后，多电机结构的电动汽车就不难了。

一　单电机轿车

图 3-7 所示为纯电动前驱电动汽车，单电机轿车驱动采用锂离子电池、电动汽车变频器、

电机三部分组成的动力系统，由两级减速器和差速器组成传动系统，两个系统组成了电动汽车的电力驱动系统。

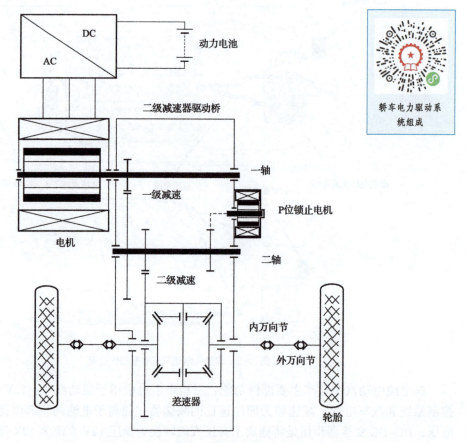

图 3-7 纯电动汽车电力驱动系统组成（前驱车型）

电力驱动系统工作原理如下：锂离子电池的电能经正、负两条供电电缆加到变频器上，变频器将直流电换流为三相交流电给电机，电机转动后，转速经减速箱里的两级主减速器降速增矩后到达差速器，经差速器两侧半轴到车轮。

电子变速杆位于 D 位时电机正转，位于 R 位时电机反转，位于 N 位时电机停转，位于 P位（或按下 P 位开关）时驻车电机经减速机构制动驻车棘轮，阻止驱动轮转动。

二 单电机客车

如图 3-8 所示为纯电动客车，客车采用后驱动形式，与前驱动（图 3-5）相比主要是采用了两档或三档的变速器以增加电机的效率。通过在客车上增加变速器，可降低动力电池的电压、变频器的容量和电机的功率，从而在一定程度上降低电动汽车成本，也降低了传动系统的噪声。

其电力驱动系统工作原理如下：锂离子电池的电能经正、负两条供电电缆加到变频器上，变频器将直流电换流为三相交流电给电机，电机转动后，转速经变速器里的两档变速器降速增矩后到达传动轴，经传动轴到主减速器到差速器，经差速器两侧半轴到车轮。

同样也是电子变速杆位于 D 位时电机正转，位于 R 位时电机反转，位于 N 位时电机停转。

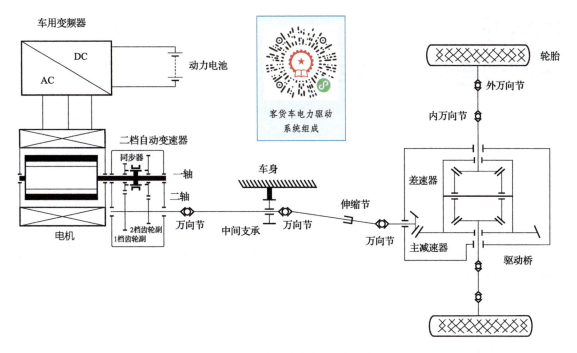

图 3-8 纯电动客车电力驱动系统

客车的 P 位制动系统位于 P 位（或按下 P 位开关）时与传统汽车相同。例如在液压制动的汽车上，中小型车上采用中间传动轴制动方式。在通常采用气压制动的大型客 / 货车上，通过解除（放掉）制动鼓中的气压实施弹簧制动，实现后轮驻车（通常也是驱动轮）。

对于国内一些低档客车也有采用取消变速器的形式，这种车型通常是试制中的产品。取消变速器的形式不仅增加了客户购车时电池、变频器和电机的成本，也增加了未来的使用成本。

<h1 style="text-align:center">复习题</h1>

1. 简要写出轿车纯电动汽车传动系组成。

_____

_____

_____

2. 简要写出客车纯电动汽车传动系组成。

_____

_____

_____

项目四
典型混合动力汽车

➡️ 情境引入

　　小林的父亲想买一辆油电混合动力汽车，但是对油电混合动力汽车的特点和分类不是很清楚，想听你介绍一下油电混合动力汽车的相关知识。

➡️ 学习目标

　　简要说出省油四原则的内容。
　　简要说出串联的原理和特点。
　　简要说出并联、轻混的原理和特点。
　　简要说出并联、中混的原理和特点。
　　简要说出混联、重混的原理和特点。
　　简要说出插电、非插电汽车的特点。

单元一　混合动力汽车省油特点分析

一　发动机省油四原则

1. 小排量发动机

　　小排量发动机也称降排量，以提高发动机的负荷率，达到省油的目的。说到降排量可对比一下传统发动机的断缸控制，断缸控制就是利用小负荷工况采用少数气缸工作，提高发动机负荷以达到省油。如果能用电机在急、大转矩助力，小排量发动机足够汽车使用，主要原因是汽车行驶时发动机的功率实际很低，一般不足发动机最大功率的三分之一。

2. 怠速起停技术

　　该系统的工作原理是，当遇到红灯或堵车时，车速低于3km/h，发动机将自动熄火；当驾驶人重新踏下离合器踏板、加速踏板或松抬制动踏板的瞬间，起动机将快速起动发动机。使用该技术，在综合工况下可节油5%~10%、减少CO排放5%，在拥堵的市区节能效果能达到10%~15%，还能减少噪声污染和发动机积炭。消除怠速工况对省油和降低排放非常有效。

3. 工作在经济区

　　调节发动机载荷使发动机多数情况下能工作在燃油经济区，发动机负荷小时让发动机发电以提高负荷率，这时多余机械能转化为电能，发动机负荷大时为了降低负荷率由电机助力。

4. 制动能量回馈

制动或减速时能进行制动能量的回馈，可以将滑行的能量回馈到蓄电池。

但汽车制动系统需要有较大改进才能实现能量回馈，比如 ABS/ESP 系统开发商要开发与电动汽车相适应的制动系统电控单元和液压调节器。

> **技师指导** 整车轻量化、减小风阻、提高发动机效率和降低传动系统能量损失称为整车省油四原则，混合动力技术只是通过提高发动机效率实现节油的一种方法。以上四点称为"发动机节油四原则"，发动机节油四原则是发动机节油设计的四个方向，不过，这只是从发动机角度来说的。

二 节油贡献率

混合动力汽车的节油控制策略见表 4-1。

表 4-1 混合动力汽车的节油控制策略

序号	控制策略	功能具体描述	节油贡献度
1	发动机起停	消除停车时的发动机怠速，降低油耗	3%~5%
2	纯电动驱动	1. 车辆低速行驶时，电机驱动，解决发动机小负荷运行的低效率问题。 2. 发动机停机，达到零油耗和排放	5%~10%
3	电机助力	1. 急加速、大节气门行驶时，电机助力，保证必需的加速性。 2. 利于发动机维持在经济区运行。 3. 后置电机可以保持动力无中断，改善平顺性	5%~8%
4	发动机单独驱动	正常行驶发动机单独驱动	5%~10%
5	发动机驱动并充电	1. 发动机驱动，同时电机发电，使发动机工作在经济区。 2. 电池充电，维持电量平衡	5%~7%
6	再生制动	1. 滑行、制动时，电机按比例再生发电，充分回收制动能量。 2. 对轿车，更需要与 ABS/EBS 协调控制	7%~10%

三 混合动力汽车工况控制

1. 起动纯电动行驶工况

从发动机和电机的转速—转矩特性图可知，初始起动阶段，发动机转速和转矩成正比趋势，在转速较低时，发动机输出转矩较小；而电机转速与转矩成反比，在低转速下具有良好的转矩特性。为了克服传统轿车起动时，发动机在较大负荷下由静止达到稳定转速的过程中燃油经济性和排放都较差的问题，一般情况下都由电机起动整车进入纯电动驱动工况；而当电池荷电状态（State of Charge，SOC）低于设定的下限值时，由发动机起动整车。

2. 低速小负荷行驶工况

在轻载或低速行驶工况，若电池 SOC 低于设定下限值 SOC-low，发动机起动工作，并恒定工作在设定的某一转矩，在驱动汽车行驶的同时，驱动电机给电池组充电直到 SOC 达到设定下限值 SOC-low 与上限值 SOC-hi 的平均值 SOC-ave；若 SOC 不低于设定下限值 SOC-low，发动机处于关闭状态，电机独立工作，驱动汽车行驶。通过设定合理的发动机最小工作转矩和发动机最低工作转速，可在满足驾驶员行驶意图的同时，避免发动机工作于怠速与低转矩运行工况，从而大大改善了整车燃油经济性能和排放性能。

3. 中速中负荷行驶工况

中速中负荷行驶工况（即巡航工况）是行驶的主要工况，该工况汽车的行驶功率全部由发动机提供。若电池 SOC 低于设定下限值 SOC-ave，发动机在驱动汽车行驶的同时，驱动电机给电池组充电；若 SOC 不低于设定的平均值 SOC-ave，电机处于关闭状态，发动机单独工作，驱动汽车行驶。

4. 加速和高速行驶工况

在加速和高速行驶工况，发动机和电机必须联合协调工作，才能让汽车获得良好的动力性能。当电池 SOC 小于下限值 SOC-low 时，发动机功率仅用于驱动汽车行驶；当电池 SOC 大于下限值 SOC-low 时，电机和发动机共同工作驱动汽车行驶。

5. 减速制动行驶工况

在减速制动工况下，根据电池 SOC 和整车制动转矩需求，电机再生制动系统和机械制动系统可单独工作或同时工作。

6. 人为纯电驱行驶工况

为了节油，纯电动行驶模式按钮被按下时，整车进入纯电动驱动工况，尽最大努力以纯电动行驶。或当油箱燃油量无法供应时（比如油箱无油），为了满足移动车辆，防止阻碍交通的需要，使用最后的能量进行纯电动行驶。

单元二　混合动力汽车分类

混合动力汽车通常按串并联、混合度和是否能充电进行分类。

一　按串并联分类

1. 串联式

串联式混合动力也称为"增程式"电动汽车。图 4-1 所示为串联式混合动力汽车基本结构和简化结构示意图，串联就是与车轮直接机械连接的仅是电机。串联式混合动力汽车的工作模式就是用传统内燃机直接通过电机为电池充电，然后完全由电机提供的动力驱动汽车。其目的在于使内燃机长时间保持在最佳工作状态，从而达到减排的效果。具体说内燃机输出的机械能首先通过电机转化为电能，转化后的电能一部分用来给蓄电池充电，另一部分经由电机和传动装置驱动车轮。与燃油车相比，它是一种内燃机辅助型的电动汽车，主要为了增加车辆的行驶里程。由于在内燃机和电机之间的机械连接装置中没有离合器，因而它有一定的灵活性。尽管其传动结构简单，但它需要三个驱动装置：内燃机、电机1和电机2。如果串联混合动力汽车设计时考虑爬长坡，为了得到最大功率，三个驱动装置的尺寸就会较大，如果用作短途运行，如当通勤车用或只是用于购物，相应的内燃机电机装置应采用低功率的。这种形式的好处是内燃机可以不受行驶状态的影响，一直处于最佳工作状态，对改善排放大有好处，但转换效率偏低。丰田曾经将这种串联形式应用在考斯特上，并进行了批量生产。

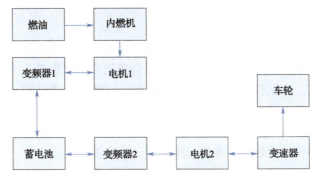

图 4-1　串联混合动力汽车简化结构示意图

工作过程：

1）纯电动工况：蓄电池—变频器2—电机2—变速器—车轮。

2）内燃机起动：蓄电池—变频器1—电机1—内燃机。

3）车辆原地发电：内燃机—电机1—变频器1—蓄电池。

4）行驶中串联：内燃机—电机1—变频器1—蓄电池—变频器2—电机2—变速器—车轮。

2. 并联式

图 4-2 并联式混合动力汽车示意图和简化结构，所谓并联式混合动力，就是说电机和内燃机并行排布，动力可以由两者单独提供或是共同提供。在并联混合动力系统中，电机还可以用来发电，其作用是让内燃机尽量靠近最有效率状态，从而达到节油的效果。并联混合动力汽车受电机和电池能力的限制，仍然要以内燃机为主要动力。但由于保留了常规汽车的动力传递形式，效率更高。

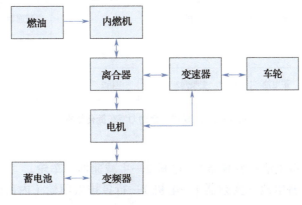

图 4-2　并联式混合动力汽车简化结构

　　具体说与串联式混合动力电动汽车不同的是，并联式混合动力电动汽车采用内燃机和电机两套独立的驱动系统驱动车轮。内燃机和电机通常通过不同的离合器来驱动车轮，可以采用内燃机单独驱动，电力单独驱动或者内燃机和电机混合驱动三种工作模式驱动。从概念上讲，它是电力辅助型的燃油车，目的是为了降低排放和燃油消耗。当内燃机提供的功率大于驱动电动汽车所需的功率或者再生制动时，电机工作在发电状态，将多余的能量充入电池。与串联式混合动力电动汽车比较，它只需两个驱动装置内燃机和电机，而且在蓄电池放完电之前，如果要得到相同的性能，并联式比串联式混合动力电动汽车的内燃机和电机的体积要小。即使在长途行驶时，内燃机的功率可以达到最大，而电机的功率只需发出一半即可。

　　工作过程：

　　1）纯电动工况：蓄电池—变频器—电机（离合器断开）—变速器—车轮。

　　2）内燃机起动：蓄电池—变频器—电机—离合器闭合—内燃机。

　　3）车辆原地发电：内燃机—离合器闭合—电机—变频器—蓄电池。

　　4）行驶中并联：第一路为内燃机—离合器闭合—变速器—车轮，第二路为蓄电池—变频器—电机—变速器—车轮。

　　5）能量回收：车轮—变速器—电机—变频器—蓄电池。

3.混联式

　　图4-3所示为混联式混合动力汽车简化结构，混联形式顾名思义就是结合了并联和串联两种形式的优点。其在并联的基础上，将电机1和电机2分离开，这样电机在运转过程中也能进行充电，使车辆能以串联和并联两种形式工作。目前的混合动力汽车基本属于这种模式。具体说：混联式混合动力电动汽车在结构上综合了串联式和并联式的特点，与串联式相比，它增加了机械动力的传递路线，与并联式相比，它增加了电能的传输路线。尽管混联式混合动力电动汽车同时具有串联式和并联式的优点，但其结构复杂，成本高，不过，随着控制技术和制造技术的发展，现代混合动力电动汽车更倾向于选择这种结构。

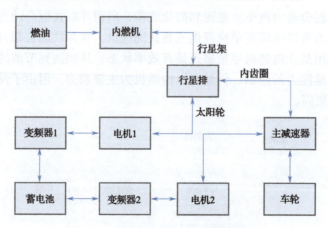

图4-3　混联式混合动力汽车简化结构

　　工作过程：

　　1）纯电动工况：蓄电池—变频器2—电机2—主减速器—车轮。

　　2）内燃机起动：蓄电池—变频器1—电机1—行星排太阳轮（内齿轮固定或转动）—行星架—内燃机。

3）车辆原地发电：内燃机—行星排内齿圈（内齿轮固定）—太阳轮—电机1—变频器1—蓄电池。

4）行驶中串联：内燃机—行星排内齿圈（内齿轮转动）—太阳轮—电机1—变频器1—蓄电池—变频器2—电机2—主减速器—车轮。

5）行驶中并联：内燃机—行星排的行星架—行星排的内齿圈—主减速器—车轮，同时加上串联过程中电机2的输出。

二 按照混合度分类

混合度指的是电系统功率占动力源总功率的百分比，动力源系统总功率为蓄电池给电机的功率和发动机的功率和。按混合度大小来分，混合动力汽车可分为微混、轻混、中混、重混四种。或者也可以去掉微混，分为轻混、中混、重混三种。

1. 微混

混合度小于等于5%的称为微混合动力，微混也称停启（Stop-Start）式。

在交通拥堵的城市，可以实现节油率5%~10%。微混合动力汽车型的电机基本不具备驱动车辆的功能，一般是用作迅速起动发动机，实现Stop-Start功能。

例如，双人迷你型混合动力汽车（Smart for Two MHD）如图4-4所示，别克君越ECO-Hybrid（图4-5）等就属于这种类型。优点是汽车结构改变很小，成本增加很少，易于实现，已成为很多乘用车的标准设置。主要缺点是：当停车需要空调时，不起作用；推广"停启式"结构，需要提高公众的节能意识；学术界有人认为"停启式"算不上混合动力系统，因为确实没有发动机和电机同时输出动力的工况。

图4-4　Smart for Two MHD

图4-5　别克君越ECO-Hybrid

2. 轻混

混合度在5%~15%的为轻度混合动力。在这种类型中，发动机依然是主要动力，电机不能单独驱动汽车，只是在爬坡或加速时辅助驱动，平时主要使用发动机动力，电池电机在汽车加速爬坡时提供辅助动力，同时具有制动能量回收和"停启"功能；发动机排量可减少10%~20%，节油率可达10%~15%；技术难度相对小，成本增加不很多。图4-6所示为典型的奔驰400混合动力早期款，其锂离子电池位置图4-7所示。

轻混合动力汽车的特性：车辆停止时，关闭发动机。起步和加速时电机起辅助发动机作用。减速/制动时，发动机依据传统电控发动机系统控制而执行断油模式，并将获得的再生制动能量充入蓄电池，有技术结构较简单、成本低、应用广泛的优势。

图 4-6　奔驰 S400 混合动力汽车

图 4-7　锂离子电池位于发动机空调箱内

3. 中混

　　混合度在 15%~40% 的为中度混合动力。与轻混型相比电池数量增加，电机功率增加，实现了电机能单独驱动汽车。因而有技术结构较简单、成本低、应用广泛的优势。国内大多合资产的混合动力是这种类型。典型车辆比如新款的奥迪 Q5（图 4-8）及奔驰 A350（图 4-9）等混合动力汽车。

图 4-8　奥迪 Q5 混合动力汽车

图 4-9　奔驰 A350 混合动力汽车

4. 重混

　　混合度在 40% 以上的为重混合动力。中混和重混这两类车型可由电机或发动机单独驱动，丰田普锐斯就属此类。重混合动力汽车的电机和发动机可以分别独立或联合驱动车辆，低速起步、倒车和低速行驶时可以纯电动驱动，同时具有制动能量回收和"停启"功能；电机的功率约为发动机功率的 50%，节油率可达到 30%~50%；技术难度较大，成本增加多；典型的例子是凯迪拉克 CT6（图 4-10）插电式混合动力，丰田普锐斯（Prius）混合动力汽车如图 4-11 所示。

图 4-10　凯迪拉克 CT6 插电式混合动力

图 4-11　丰田普锐斯（Prius）混合动力汽车

三　按能否外接电源进行充电分类

按是否能外接电源进行充电，分为非插电式混合动力汽车（Hybrid Electric Vehicle，HEV）和插电式混合动力汽车（Plug-in Hybrid Electric Vehicle，PHEV）两种，如图4-12所示。

1. 混合动力系统（HEV）

混合动力系统（HEV）不能外接充电，蓄电池的电能在下降一定数值，比如60%时，由发动机工作带动高压电机给蓄电池充电，大多数这种充电是在发动机处于高效率工况时。

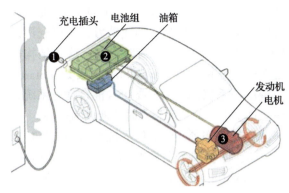

图4-12　插电式混合动力示意图

2. 插电式混合动力系统（PHEV）

插电式混合动力系统是根据欧美驾车习惯而来，能外接充电更有利于节能减排。国外研究机构根据资料统计得出结论，法国城镇居民80%以上日均驾车里程少于50km，美国汽车驾驶者也有60%以上日均行驶里程少于50km，80%以上日均行驶里程少于90km。因此，在车辆上安装一套巨大的电池组，使其电量足以撑过这一里程，就可以在大部分日常行驶中达到零排放。

插电式混合动力的特征是可由电能单独驱动，并配备一个大容量的可外部充电的蓄电池组，显著的特性是可通过停车场的380V或家庭220V交流电源进行充电，也可通过充电站的直流充电桩进行快速充电。插电式混合动力汽车电机的功率接近发动机，可实现较长距离的纯电动行驶，电池容量依纯电动行驶里程来选定，电池成本增加很多，节油率在不计电能时最大可达到100%。

比亚迪F3 DM和雪佛兰VOLT，以及长春一汽新能源汽车公司下线并投入市场的奔腾B50插电式混合动力轿车都属于这种类型。

单元三　典型混合动力汽车结构

一　微混型

1. 怠速启停

传统燃油汽车的怠速启停功能有强化起动机起动和强化电动/发电机（ISG）起动两种方式，但只有强化电动/发电机起动这种类型才为微混型。

采用36V（也称为42V系统）或更高电压的ISG（Integrated Starter & Generator，起动/发电）电机，如图4-13传动带式怠速停启系统，也称BSG（Belt Starter & Generator，传动带传动起动/发电技术）电机，是一种采用传动带传动方式进行油电混合，具备怠速停机和启动的弱（微）混合动力技术，若此电机有辅助加速功能就称为混合动力，若仅有起动和能量回收则不称为微混。

2. 传动带式起动 / 发电机

将 ISG 电机放在传统汽车发电机的位置，通过 ISG 电机驱动传动带来驱动发动机曲轴帮助发动机实现停启或加速助力，也可利用此 ISG 电机在发动机小负荷时发电，这种结构也通常被称为 Belt Alternator Starter 或 Belt Starter Generator 系统，即 BAS 或 BSG 混合动力系统，注意这个电机的功率较大时才能成为轻混。

图 4-13　传动带式怠速停启系统

君越 BAS 混合动力系统结构如图 4-14 所示，起动机 / 发电机总成 MGU（Motor/Generator Unit）、起动机 / 发电机功率控制模块 SGCM（Starter/Generator Control Module），也称变频器、36V 电池镍氢电池组（Ni-MH）、12V 铅酸电池。

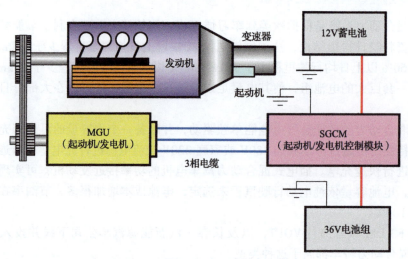

图 4-14　君越 BAS 混合动力系统结构

工作过程：

（1）燃油供给阶段

指发动机正常工作，消耗燃油。

（2）加速电机助力

当驾驶员踩下加速踏板比较深时，通过电机对车辆进行电动助力。

（3）智能充电阶段

指电机由发动机带动旋转，电池组尽可能地从发动机小负荷工作过程中通过发电增加发动机负荷而发电。

（4）减速断油阶段

指当车辆进入滑行阶段或停下来后，发动机被切断燃油供应，在某些滑行期间，为了保证转矩的平顺性，电机也将转动。

微混型混合动力汽车

（5）再生制动阶段

指当车辆减速时，发动机停止供油，变矩器锁止，车辆带动发动机转动，电机此时发电，电机相当于车辆的负载，对车辆有制动作用（类似于发动机制动），系统进入再生制动阶段。

二 轻混型

1. 轻混功能

轻混型混合动力系统的车辆具有以下4种功能。

1）有发动机怠速停启功能。

2）有制动或减速实现再生制动发电功能。

3）电机有辅助驱动功能。

4）电机有高压发电功能。

混合动力控制单元（Hybrid Control Unit, HCU）会根据驾驶人请求（加速踏板踏下深度）、电池箱能量存储单元的状态、电驱动系统状态（停车、行车）以及整车车辆状态等控制ISG电机的工作模式，自动实现以上四种功能。

2. 轻混结构

早期的奔驰轻混型混合动力主要组成：由高压锂离子电池模块、电机功率模块、电机组成的电动助力系统；DC-DC变换器为直流电压转换系统；转向系统采用了液压电动转向系统；功率控制器如电机控制器和DC-DC变换器采用了双电动冷却循环泵的设计；制动系统采用了电动真空泵、真空助力器、ABS控制单元配合电机实现再生制动；空调采用电控电动压缩机。

奔驰400混合动力系统结构如图4-15所示由六缸发动机、电机、7档自动变速器、锂离子蓄电池、功率控制模块、12V交流电机、DC-DC变换器组成。

> 轻混型混合动力汽车

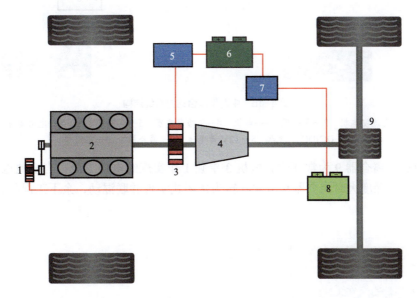

图4-15 奔驰400混合动力系统结构

1—12V交流电机　2—内燃机　3—电机　4—7档变速器　5—锂离子电池
6—电力电子模块　7—DC-DC变换器　8—12V蓄电池　9—驱动桥

奔驰和宝马等轻混型混合动力汽车仍采用原车液力自动变速器，为防止变速器内离合器油压过低，在液力自动变速器基础上增加了电动 ATF 油泵。

三　中混型

1. 中混功能

中混型混合动力系统的车辆具有以下五种功能。

1）有纯电动驱动功能。

2）有发动机怠速停启功能。

3）有制动或减速实现再生制动发电功能。

4）电机有辅助驱动功能。

5）电机有高压发电功能。

2. 中混结构

中混型混合动力系统结构如图 4-16 所示。

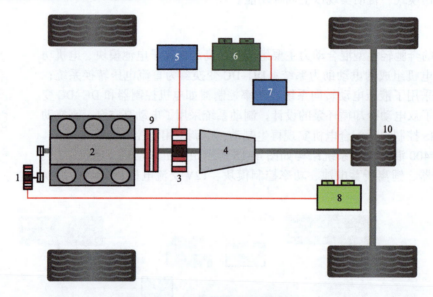

图 4-16　中混型混合动力系统结构

1—12V 交流发电机　2—内燃机　3—电机　4—7 档变速器　5—锂离子电池　6—电力电子模块
7—DC-DC 变换器　8—12V 蓄电池　9—离合器　10—驱动桥

工作原理：离合器 9 为常开式，电机 3 单独工作实现纯电动工况；当电池电量低或驾驶人踩下加速踏板深度大时离合器 9 由常开转为常闭式实现并联混动，余下工况与轻混型相同，不再赘述。

四　通用 Volt 串联型混合动力汽车

1. 增程式电动汽车

雪佛兰 Volt 是通用汽车雪佛兰品牌的增程式电动汽车，它是目前世界上最有影响力的串联型混合动力汽车型。在中国称为沃蓝达，技术先进。

增程式纯电驱动汽车（Extended-Range Electric Vehicle，E-REV），也就是串联式混合动力汽车，因其只有电机驱动，有时有人也称为纯电动汽车。

2. 串联混合动力基本结构

串联式混合动力汽车的化学能、电能、机械能传递示意图如图 4-17 所示。

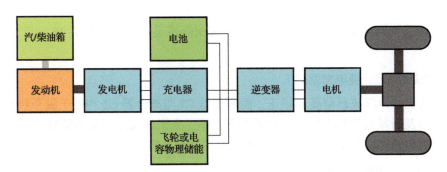

图 4-17　串联式混合动力汽车的化学能、电能、机械能传递示意图

3.Volt 动力系统结构

美国通用公司的 Volt 增程式电动汽车于 2010 年 7 月在北美洲上市，是世界上首款量产增程式汽车，其结构示意图如图 4-18 所示。增程器由 1.4L 汽油发动机和永磁直流电机组成。

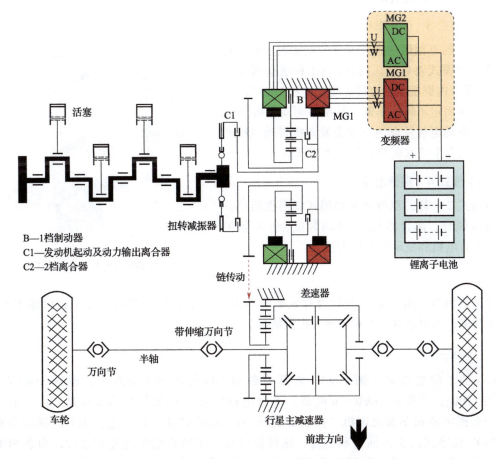

图 4-18　通用雪佛兰 Volt 沃蓝达的结构示意图

在 Volt 中，两台电机与行星齿轮机构集成设计，称之为 Voltec 系统。两台电机之间通过行星齿轮机构驱动车辆。与前述基本结构不同的是，Volt 还包括两个离合器 C1、C2 和一个制动器 B。根据车辆不同的行驶模式，通过控制这些离合器和制动器使得电机处于不同的工作状态。

通用串联式混
合动力汽车

4. 工作模式

通用雪佛兰 Volt 沃蓝达的化学能、电能、机械能传递过程参考图 4-18 所示。

（1）模式 1（低速纯电力驱动）

在该模式下，齿圈被制动器 B 锁止，而离合器 C1 与离合器 C2 均处于脱开状态。故而电机与发动机以及行星齿轮均无接触，两者都不工作。太阳轮通过行星齿轮减速后将动力传输给行星齿轮架和输出轴驱动车轮，因而车辆仅由主驱动电机驱动。

（2）模式 2（高速纯电力驱动）

随着车速提升，主驱动电机的转速也随之加快。考虑到为保护主驱动电机 MG2 降低转速，就不适合再仅仅由单电机驱动。因此，这一模式被设计成离合器 C1 分离，离合器 C2 结合，电机与齿圈连接，电机 MG1 和电机 MG2 合力驱动车辆。此时电机 MG1 从动力电池中获取能量以输出动力。而双电机驱动，使得电机转速从 6500r/min 降至 3250r/min。但是，请注意，内燃机没有参与到提供动力的进程中来。

（3）模式 3（低速增程）

当 Volt 的电池组达到其设定的电量剩余临界点时，第三种模式将启动。离合器 C1 和制动器 B 工作，此时那台内燃机就会直接去驱动电机 MG1 发电，而由于齿圈固定不转，车辆仍然由主驱动电机 MG2 驱动。主驱动电机从电池以及由发动机带动电机产生的电力组合中获取电能，从而驱动车辆。

（4）模式 4（高速增程）

与模式 2 一样，双电机驱动模式将再次启用。制动器 B 脱开，离合器 C1、C2 同时接合。车辆的驱动力来自电机和发动机的动力耦合。

图 4-19　通用雪佛兰 Volt 沃蓝达的动力总成

5. 发动机

通用雪佛兰 Volt 沃蓝达的动力总成如图 4-19 所示，四缸内燃机带动电机可输出 53kW 的充电功率，为蓄电池充电和行驶时提供能量。

6. T 型电池箱

Volt 的 T 型电池箱（图 4-20）内部有超过 288 包电池（96 组），电压 386.6V，总重大约 170kg，可提供 16kW·h 电量，不过电池实际可放能量约为 8.8kW·h。Volt 内含 16kW·h 锂电池和车载充电机，控制器显示 SOC 充到 85% 时认为电池饱和，随车会配置 120~240V 住宅式的交流插头和电缆。这样设计是为了防止电池过充和过放，而在 SOC 为 85% 时认为电池已充满，在 SOC 为 30% 时认为电量放电完毕。汽油发动机监测到 SOC 低于

30％时会自动起动发动机拖动电机发电，将SOC维持在30％以上，即不再允许电池放电，适时可以给电池充电或等待回家充电。

图4-20　Volt的T型电池箱

Volt最终上市的电池包重量应该在170kg，电池运行的最低温度在0~10℃的范围内，当Volt在寒带地区使用的时候，会考虑在插电充电的时候，先加热电池然后再进行充电和工作。（锂电池低温充电易损坏，也很难充入电能）。

电控单元（ECU）依靠电池电量表（SOC）的存量来控制何时起动汽油发动机，加一次油发出的电能加充在蓄电池中的能量之和可让这台电机在纯电动状态下行驶1030km。

通用将Volt称为串联式混合动力汽车，也称之为增程式电动汽车，（图4-21）它由车载充电机（Plug-in）、锂电池组（Li-Ion Battery Pack）、汽油机带动的电机（Petrol Engine and Generator）、电机（Electric Motor）。

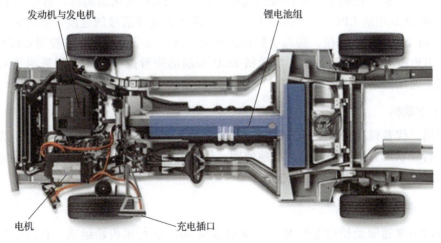

图4-21　通用Volt增程式电动汽车

五　普锐斯（Prius）混联型混合动力汽车

1.丰田普锐斯品牌

丰田普锐斯是史上第一款量产的混合动力汽车，1997年量产上市，不过中国区域普锐斯是在2001年上市第一代，到2004年推出第二代，2009年4月丰田第三代普锐斯上市。丰田普锐斯是史上第一款销售量超 100 万辆的混合动力汽车，自 1997 年量产上市以来，2007 年在 40 多个国家的销售数量接近 120 万辆，其中美国、日本分别超过 70 万辆、30 万辆，美国市场的月销量都接近于 1.5 万辆，占美国同期混合动力汽车市场的 50%。

截至 2017 年 1 月底，丰田混动车型在全球累计销量已达 1004.9 万辆，在业内占据了绝对优势。

2. 丰田普锐斯部件

（1）HV 蓄电池

丰田第二代普锐斯（Prius）的 HV 蓄电池有 168 个蓄电池（1.2V×6 单体×28 组），额定电压为 DC 201.6V。通过这些内部改进，蓄电池具有紧凑、重量轻的特点。蓄电池和蓄电池间为双点连接，这样的改进使蓄电池的内部电阻得以降低。变频器总成中配有增压转换器。它可以将 HV 蓄电池输出的额定电压 DC 201.6 V，增压到最大值 DC 500V。MG1、MG2 桥电路和信号处理器 / 保护功能处理器已集成在 IPM（集成动力模块）中以提高车辆性能。集成在变频器总成中的空调变频器为空调系统中的电动变频压缩机提供电能。将变频器散热器和发动机散热器整合为一，更加合理地利用了空间资源。

（2）电机

通过提高 MG1 转子的强度，使其最大可输出转速为 10000r/min，从而提高了充电能力。MG2 转子内的永磁铁变为 V 型结构，使转矩和输出功率增大。

对于 MG2 控制，在 MG2 的中速范围内引入了过调控制系统。

（3）控制系统

HV ECU 中的 CPU 由 16 位变为 32 位，提高了处理信号的速度。发动机 ECU 中的 CPU 由 16 位变为 32 位，提高了处理信号的速度。蓄电池 ECU 优化结构后，蓄电池 ECU 更加紧凑。蓄电池 ECU 中的 CPU 由 16 位变为 32 位，提高了处理信号的速度。制动防滑控制 ECU 中的 CPU 由 16 位变为 32 位，提高了处理信号的速度。通信上与 THSII 控制系统相连的主要的 ECU（HV ECU、蓄电池 ECU、发动机 ECU 和制动防滑控制 ECU）间采用了 CAN（控制器局域网）通信网络来建立通信。

（4）发动机

丰田第二代普锐斯采用 1.5L 小型发动机，集合了各式混合动力系统的优势。发动机和电机可根据行驶状况共同驱动或分开单独使用；停驶时自动停止发动机，减少能量浪费；更有效地控制发动机和电机，加速反应快。

3. 电力无级变速驱动桥

混合动力变速驱动桥由电机 MG1、驱动电机 MG2 和行星齿轮组成。普锐斯变速驱动桥组成如图 4-22 所示，这种混合动力系统由点燃式发动机和两台采用永久磁铁的三相交流电机组成。两台三相交流永磁电机（MG1 和 MG2）可以作为发电机运行，也可作为电动机运行。内燃机与两台电机通过行星齿轮机构相互连接。MG2 和驱动轮的差速器通过传动链条和齿轮连接在一起。

变速驱动桥主要包括变速驱动桥阻尼器（带扭转减振器的飞轮）、MG1、MG2 和减速装置（包括链、中间轴主动齿轮、中间轴从动齿轮、主减速器小齿轮和主减速器环齿轮），行星齿轮组、MG1、MG2、变速驱动桥阻尼器和主动链轮都安装在同心轴上，动力从主动链轮传输到减速装置。

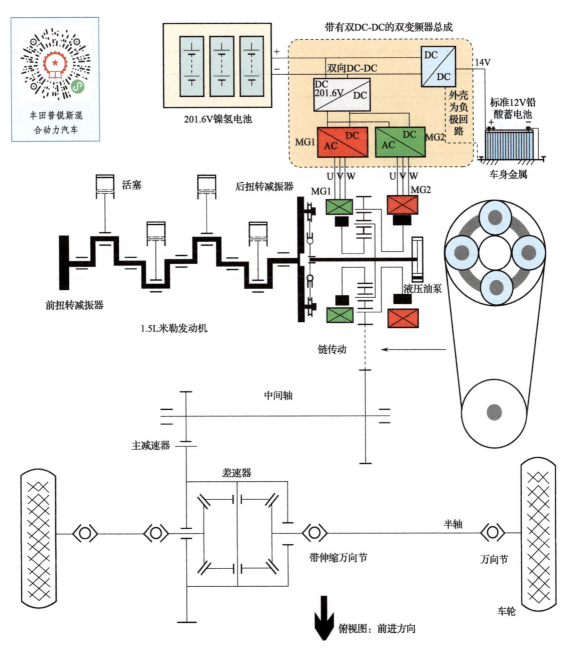

图 4-22　普锐斯变速驱动桥组成

复习题

1. 简要写出省油四原则的内容。

_____

_____

_____

2. 简要写出串联的原理和特点。

_____

_____

_____

3. 简要写出并联、轻混的原理和特点。

_____

_____

_____

4. 简要写出并联、中混的原理和特点。

_____

_____

_____

5. 简要写出混联、重混的原理和特点。

_____

_____

_____

6. 简要写出插电、非插电汽车的特点。

_____

_____

_____

项目五
氢燃料电池汽车

小林在车展上试乘试驾了一辆氢燃料电池汽车，同学们听说后，想让他介绍一下这款车的一些知识。

➡ 学习目标

简要说出燃料电池的工作原理。
简要说出丰田未来（Mirai）的汽车结构组成。

单元一　氢燃料电池汽车概述

一　燃料电池的简单发电原理

燃料电池工作原理如图 5-1 所示，将化学能转化成电能，但是它的工作方式与内燃机相似。它在工作（即连续稳定地输出电能）时，必须不断地向电池内部送入燃料与氧化剂（如氢气和氧气）；与此同时，它还要排出与生成量相等的反应产物，如氢氧燃料电池中所生成的水。目前燃料电池的能量转化效率仅达到 40%~60%，为保证电池工作温度的恒定，必须将废热排放出去。如果有可能，还要将该热能加以利用，如高温燃料电池可与各种发电装置组成联合循环，以提高燃料的利用率。

质子交换膜燃料电池（PEMFC）的核心是一涂有铂催化剂的弹性塑料膜。铂催化剂把氢气转化为质子和电子，只有质子可以通过电解质膜，与膜另一侧的氧结合生成水，而电子在闭合的外电路中形成电流。

燃料电池为什么一定要用 Pt：因为

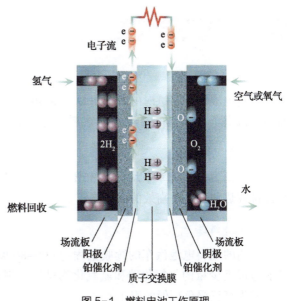

图 5-1　燃料电池工作原理

Pt 的解离活性强，且耐电解质膜强酸性（相当于硫酸），长时间耐久性的金属只有 Pt。其他铂系金属解离活性低，而非金属的耐酸性又达不到要求。目前减少 Pt 的方法是在 Pb、Au、Co、Ni 的表面形成 Pt 层。

二 燃料电池汽车价格

1. 车辆售价

2015 年纯电动特斯拉售价为 7 万美元（国内约在 11 万美元以上），续驶里程为426km，充电时间相对较长。宝马 I3 售价为 4.1 万美元，续驶里程为 160 km。比亚迪 E6 售价为 6 万美元，续驶里程超 300 km，充电时间也相对较长。2015 年丰田生产的燃料电池汽车售价为 5 万美元，汽车充气只需 3min，续驶里程为 700km。从以上可以看出燃料电池汽车离我们不会太远。

2. 燃料比较

（1）能量密度

目前各种燃料的能量密度（$W \cdot h/kg$）如下：一般锂聚集合物 Li-ion 约为 $600W \cdot h/kg$（实用化），有机锂约为 $1200W \cdot h/kg$、汽油约为 $3400W \cdot h/kg$、氢氧燃料电池约为 $3500 W \cdot h/kg$（实用化）、铝空气电池约为 $4300 W \cdot h/kg$、锂空气电池约为 $5400 W \cdot h/kg$、锂氟气电池 $6300 W \cdot h/kg$（目前能量密度最高）。

（2）燃料成本

2009 年用电解法制备 1kg 液氢需要用电 $50\sim60kW \cdot h$（包含压缩制冷耗电），此处按 $60kW \cdot h$ 计算。民用电 $1kW \cdot h$ 按 0.52 元计算，制备 1kg 液氢需要 31 元。若采用氢气发动机，宝马汽车行驶 100km 要消耗 4kg 氢，燃料费用高达 125 元，比目前汽油成本还高，用户是很难接受的。如果液氢先通过燃料电池转化为电，按 60% 的发电效率计算，1kg 氢能发电 $32kW \cdot h$，0.5kg 的氢就能使汽车行驶 100km，燃料费用 15 元，比目前的汽油便宜多了。

三 燃料电池汽车优点

1. 对比内燃机汽车

燃料电池汽车路试时的效率可以达到 40%~50%，其能量转换效率比内燃机要高 2~3 倍（普通内燃机汽车只有 10%~16%）。燃料电池可节省石油，减小世界对石油的依存度。

2. 对比混合动力汽车

混合动力汽车效率平均低于 35%，无法与燃料电池汽车进行效率对比。燃料电池电动汽车仅排放热和水，是高效的清洁汽车。

3. 对比纯电动汽车

目前的燃料电池汽车的续驶里程为 600~800km，是纯电动汽车的 2~4 倍。只有少量杂质可能造成极少量的二氧化碳和氮氧化物排放，制氢过程所用能量可以用太阳能或风能发电制氢，成为真正绿色环保的汽车。

单元二　商品化燃料电池汽车

一　燃料电池汽车结构

丰田燃料电池汽车 Mirai（未来）的主要部件名称如图 5-2 和图 5-3 所示。

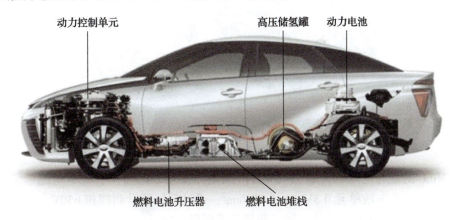

图 5-2　丰田 Mirai 主要部件名称 1

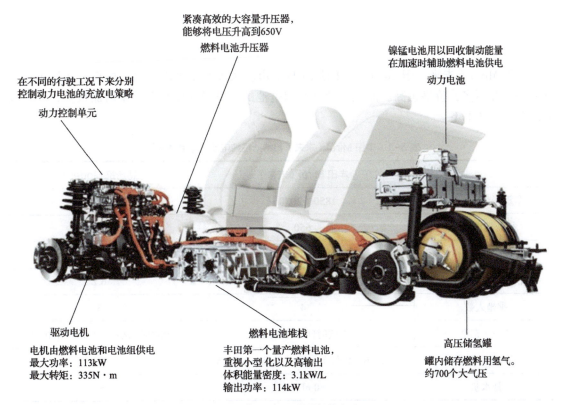

图 5-3　丰田 Mirai 主要部件名称 2

前氢气罐 60L，后氢气罐 62.4L，总重 5kg，1kg 氢气售价约 1000 日元（约合人民币 70 元），由燃料电池内部的氢气循环泵提供氢气。动力电池 0.65Ah（2kW·h），用于起动和加速时用。

图 5-4 所示为丰田 Mirai 的燃料电池堆和升压 DC-DC。由于燃料电池的功率大，但电压并不高，为了实现驱动电机，要通过 DC-DC 升压后给逆变器（动力控制单元）。

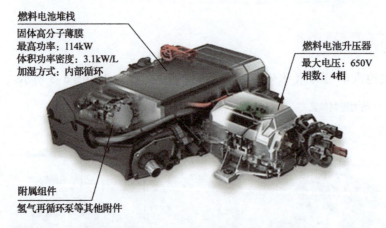

燃料电池堆栈
固体高分子薄膜
最高功率：114kW
体积功率密度：3.1kW/L
加湿方式：内部循环

燃料电池升压器
最大电压：650V
相数：4相

附属组件
氢气再循环泵等其他附件

图 5-4　丰田 Mirai 的燃料电池堆和升压 DC-DC

丰田 Mirai 的燃料电池堆功率 114kW，Pt 用量为 0.3g/kW，370 片燃料电池单元组成，体积 36L、58.5kg、单电池单元 0.8V、1~1.5W/cm^2，通过升压器升到四相 650V，电池组总有效面积为 10m^2。特别值得一提的是，氢气和氧气采用反方向导入，实现了电解质膜自然加湿，这大大压缩了电池体积和成本，这是超越三星和本田汽车的技术之一。

二 未来发展预测

丰田 Mirai（未来）于 2014 年 12 月 15 日上市。从表 5-1 可以看出，燃料电池汽车在重量上增加并不多，价格也高。而纯电动汽车因电池的重量增加使整车重量增加很多，电池成本使车价居高不下。

表 5-1　丰田 Mirai（未来）和特斯拉纯电动汽车参数对比

	丰田 Mirai（未来）	特斯拉 Model S
车重（总重）/kg	1850（2070）	2270（2570）
行驶里程 /km	650	390
最高车速（km/h）	175	190
百公里加速时间 /s	10	6.2
乘坐人数	4	5
充气 / 充电	充气时间小于 3min	充电时间小于 45min（420V）
价格 / 万日元	723.6（售价）–200（补贴）=523.6	823
排水量	60mL/km	—

从表 5-2 可以看出，燃料电池汽车在 2025 年左右成本下降会很多，价格也不会很高。而纯电动汽车在电池重量是否有大幅度下降，在电池成本上是否能大幅度下降，以及锂电池的后期回收问题等都需要技术进一步解决。

表 5-2　丰田 Mirai（未来）燃料电池 FC110 的各部分成本推算

	材料	2014 年成本 / 日元	2025 年成本 / 日元
正极	全氟磺酸①Nafion（日本三井 Mitsui- 美国杜邦 Dupont）	1980	1940
	活性炭	1500	750
	触媒	40000	16000
	内铂金 Pt 量	25g	5g
	碳纸 Carbon Paper（Toray 日本东丽）	120000	40000
	Nafion（Mitsui–Dupont）	1440	1000
	活性炭	1500	750
负极	触媒	160000	32000
	内 Pt 量	10g	3g
	Carbon Paper（Toray）	120000	40000
	电解质膜	500000	50000
	隔板	120000	60000
	制作费	500000	300000
储气罐	行李舱气罐	936000	600000
	中间气罐	900000	—
其他	车体其他设备及电池	2000000	1300000
成本价		5762420	2585000
售价		7236000	3200000
日本政府补贴		2000000	估计 0
东京补贴		1000000	估计 0
东京售价		补贴后价格在 4236000（合人民币 21 万元）	估计购置税和消费税可减车价的 15% 的政策还会有

①全氟磺酸（Nafion）隔膜，分子式为 $C_9HF_{17}O_5S$，带有刺激性，避免直接接触，是一种化工中间体。

复习题

1.简要写出机燃料电池的工作原理。

_____

_____

_____

2. 简要写出丰田 Mirai（未来）的汽车结构组成。

_____

_____

_____

项目六
储能装置

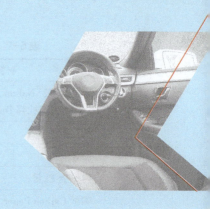

情境引入

小林想给他人专业性地介绍一下新能源汽车，也想问一下应该学习哪些知识。

学习目标

简要说出储能装置的性能指标有什么。

简要说出锂离子电池的性能。

简要说出镍氢电池的性能。

简要说出飞轮电池的性能。

简要说出超级电容的性能。

单元一　储能装置的性能指标

一　储能装置类型

电动汽车上的电能储能方式有物理储能和化学储能两种。物理储能方式在新能源汽车上指超级电容储能和飞轮电池储能两种。化学储能主要有两种：一种是可反复充电的化学电池，目前在汽车上使用的，主要包括铅酸蓄电池、镍氢电池和锂离子电池；另一种是不能充电的燃料电池。各种储能装置的性能指标比较见表 6-1，需要指出的是，电池在成组后，每一个单体电池的容量和充放电次数较表 6-1 中的数据有较大的下降。

表 6-1　各种储能装置的性能指标比较

性能指标 电池类型	超级电容	铅酸蓄电池	镍氢电池	锂离子电池	燃料电池
充电时间	几秒～几分钟	4~12 小时	12~36 小时	3~4 小时	不能充电
充放电次数	500000	400~600	大于 500	1000	大于 500
工作电流	极高	高	高	中	低
记忆效应	无	轻微	有	很轻微	轻微
自放电（每月）	高	0.03%	20%（中）	5%~10%	低

（续）

性能指标 电池类型	超级电容	铅酸蓄电池	镍氢电池	锂离子电池	燃料电池
质量能量密度 / （W·h/kg）	4~10	30	60~80	100~200	大于 200
功率密度 /（W/kg）	大于 1000	小于 1000	大于 1000	大于 1000	35~1000
安全性	优	一般	良	差	差
环境	零污染	有污染	基本无污染	基本无污染	零污染

专业指导 日常生活中使用的电池主要有以下几种：

1. 各种铅酸蓄电池（如汽车起动用铅酸蓄电池、固定型铅酸蓄电池、小型阀控密封铅酸蓄电池等）。
2. 各种动力二次电池（如动力车用电池、电动道路车车用电池、电动工具用电池、混合动力汽车用电池等）。
3. 各种手机电池（如锂离子电池、锂聚合物电池、镍氢电池等）。
4. 各种小型二次电池（如笔记本电脑电池、数码相机电池、摄像机电池、各种圆柱形电池、无线通信电池、便携式 DVD 电池、CD 和 MP3 播放器电池等）。
5. 各种一次电池（如碱性锌锰电池、锂锰电池等）。

一般情况下，电动汽车动力电池在工作中进行的是频繁、浅度的充 / 放电循环。在充 / 放电过程中，电压、电流可能有较大变化。

针对这种使用特点，电动汽车的动力系统对电池有以下几个方面的特别要求：

1）电动汽车要求动力电池具有更高的比功率。

2）电动汽车中动力电池的高充 / 放电效率对保证整车效率具有至关重要的作用。

3）电动汽车电池应当在快速充 / 放电和充 / 放电过程变工况的条件下保持性能的相对稳定。

二 蓄电池的性能指标

蓄电池的作用是储存电能，蓄电池在充电过程中，电能通过蓄电池内活性物质的化学变化转变为化学能储存在蓄电池内。蓄电池在放电过程中，通过蓄电池内活性物质的化学变化逆转，将化学能转变为电能由蓄电池输出。

各种蓄电池的基本工作原理是电能→化学能→电能→化学能的可逆变换过程，能够反复使用，一般称能够将化学能转换为电能的电池为蓄电池。

2020 年蓄电池在比能量和比功率方面较 2010 年有很大的提高，使得电动汽车的动力性能不断提高，一次充电后的续驶里程也不断地延长。蓄电池主要性能指标如下。

1. 电压

1）电动势：电池正极和负极之间的电位差（表 6-2）。

2）开路电压：电池在开路时的端电压，一般开路电压与电池的电动势近似相等。

3）额定电压：电池在标准规定条件下工作时应达到的电压。

表 6-2   不同电池电动势

电池	铅酸 蓄电池	镍镉 蓄电池	镍氢 蓄电池	锰钴锂 锂离子电池	磷酸铁锂 锂离子电池	钠硫电池
电压 /V	2.1	1.2	1.2	3.7	3.2	2.1

4）工作电压（负载电压、放电电压）：在电池两端接上负载后，在放电过程中显示出的电压。

5）终止电压：电池在一定标准所规定的放电条件下放电时，电池的电压将逐渐降低，当电池不宜继续放电时，电池的最低工作电压称为终止电压。

2. 容量

（1）理论容量

根据蓄电池活性物质的特性，按法拉第定律计算出的最高理论值称为理论容量，一般用质量容量 A·h/kg 或体积容量 A·h/L 来表示。

（2）实际容量

实际容量指在一定条件下所能输出的电量，它等于放电电流与放电时间的乘积。

（3）标称容量（公称容量）

标称容量用来鉴别电池的近似安时值，由于没有指定放电条件，因此只标明电池的容量范围，而没有确切值。

（4）额定容量

额定容量也称保证容量，即按一定标准所规定的放电条件，电池应该放出的最低限度的容量。

（5）荷电状态

荷电状态（State of Charger，SOC）反映的是电池实际存储电荷与电池当前能存储的最多电荷之比，常用百分数表示。SOC=1 表示电池为充满状态。随着蓄电池放电，蓄电池的电荷逐渐减少，此时蓄电池的充电状态，可以用 SOC 的百分数的相对量来表示蓄电池中电荷的变化状态。一般蓄电池放电高效率区为 50% ~80% 的 SOC。

因为电池实际存储电荷与电池当前能存储的最多电荷两者都是变值，所以对 SOC 精确的实时辨识，是电池管理系统的一个关键技术。

3. 能量

电池的能量决定电动汽车的行驶距离，单位是 kW·h，也称度。

（1）标称能量

标称能量是指按一定标准所规定的放电条件下，电池所输出的能量。电池的标称能量是电池的额定容量与额定电压的乘积。

（2）实际能量

实际能量是指在一定条件下电池所能输出的能量，电池的实际能量是电池的实际容量与平均工作电压的乘积。电池的质量包括电池本身结构件质量和电解质质量的总和。

（3）比能量（W·h/kg）

比能量是指动力电池组单位质量中所能输出的能量。

（4）能量密度（W·h/L）

能量密度是指动力电池组的能量密度，是指动力电池组单位体积中所能输出的能量。

4.功率

在一定的放电条件下，电池在单位时间内所输出的能量用功率表示。电池的功率决定混合动力汽车的加速性能。

（1）比功率（W/kg）

电池的比功率是指电池单位质量中所具有电能的功率。

（2）功率密度（W/L）

电池的功率密度是指电池单位体积中所具有的电能的功率。

 专业指导　"比"和"密度"的区别：比与质量有关，密度与体积有关。

5.内阻

电流通过电池内部电解液、隔膜、电极时受到的阻力会使电池的对外输出电压降低，此阻力称为电池的内阻。电池的内阻作用使电池在放电时端电压低于电动势和开路电压，在充电时充电的端电压高于电动势和开路电压。

6.循环次数

循环次数是指蓄电池的工作是一个不断充电、放电、充电、放电的循环过程，按一定标准的规定放电，当电池的容量降到某一个规定值（比如80%）的充放电循环次数。

专业指导　电池充电循环，即一个完整的充放电周期。如果使用（放电）的电量达到电池容量的100%，电池就完成了一个充电周期，循环次数就会加1。例如，你一天使用了75%的电量，然后晚上将手机充满电到100%，第二天再使用25%电量，那就算一次完整的放电过程（使用了100%），这样累计下来才算是完成一个充电周期，也就是一次电池充电循环。

电动汽车用动力蓄电池循环寿命要求：循环次数达到500次时放电容量不低于初始容量的90%，或者循环次数达到1000次时放电容量不低于初始容量的80%。

在每一个循环中，电池中的化学活性物质，要发生一次可逆性的化学反应。随着充电和放电次数的增加，电池中的化学活性物质会发生老化变质，逐渐削弱其化学功能，使得电池的充电和放电的效率逐渐降低，最后电池损失全部功能而报废。

蓄电池充电和放电的循环次数与电池的充电和放电的形式，电池的温度和放电深度有关，放电深度浅时，有利于延长电池的寿命。

电池在电动汽车上的使用环境，包括电池组中各个电池的均衡性、安装、固定方式、所受的振动和线路的安装等，都会影响电池的工作循环次数，最后完全丧失其充电和放电的功能而报废。

7. 使用年限（年）

电池除了以循环次数表示使用时间外，通常还要用电池的使用年限来表示电池的寿命。

8. 放电速率（放电率）

一般用电池在放电时的时间或放电电流与额定电流的比例来表示。

1）放电时率：电池以某种电流强度放电直到电池的电压降低到终止电压时，所经过的放电时间。

2）放电倍率：电池的放电电流值与电池额定容量数值的比值。比如电池额定容量 $C=6.5A \cdot h$，若以 6.5A 放电电流放电，放电倍率为 1C，放电电流为 1C；若以 3.25A 放电电流放电，放电倍率为 0.5C，放电电流为 0.5C。

9. 自放电率

自放电率指电池在存放时间内，在没有负荷的条件下自身放电，使得电池容量损失的速度，自放电率用单位时间（月 / 年）内电池容量下降的百分数来表示。

10. 成本

电池的成本与电池的技术含量、材料、制作方法和生产规模有关，目前新开发的高比能量的电池成本较高，使得电动汽车的造价也较高，开发和研制高效、低成本的电池是电动汽车发展的关键。图 6-1 所示电动汽车生产成本构成比例。除上述主要性能指标外，还要求电池无毒性、对周围环境不会造成污染或腐蚀，使用安全，良好的充电性能和充电操作方便，耐振动，无记忆性，对环境温度变化不敏感，易于调整和维护等。

目前，电池技术的瓶颈则在于如何造出容量大（充满电可以连续行驶 400km）且体积小、重量轻、价格低的电池，如图 6-1 所示为电动汽车生产成本构成中蓄电池的成本比例。

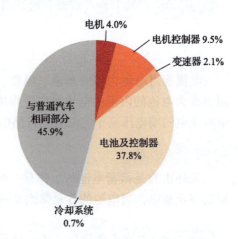

图 6-1 电动汽车生产成本构成比例

三 电动汽车对蓄电池的基本要求

一般混合动力汽车电池要求有较大的比能量，而混合动力汽车所采用的动力电池组，则要求有较大的比功率，两种电池在性能方面各有侧重，混合动力汽车对蓄电池的基本要求如下：

1. 比能量大

比能量是保证混合动力汽车能够达到基本合理的行驶里程的重要性能，连续 2h 放电率的比能量至少不低于 44W·h/kg。

2. 充电时间短

蓄电池对充电技术没有特殊要求，能够实现感应充电。蓄电池的正常充电时间应小于 6h，蓄电池能够适应快速充电的要求，蓄电池快速充电达到额定容量的50%时的时间为20min左右。

3. 连续放电率高

蓄电池能够适应快速放电的要求，连续1h放电率可以达到额定容量的70%左右。

4. 自放电率低

自放电率要低，蓄电池能够长期存放。

5. 不需要复杂的运行环境

蓄电池能够在常温条件下正常稳定地工作，不受环境温度的影响，不需要特殊加热。保温热管理系统能够适应混合动力汽车行驶时振动的要求。

6. 安全可靠

蓄电池应干燥、洁净，电解质不会渗漏腐蚀接线柱和外壳。不会引起自燃或燃烧，在发生碰撞等事故时，不会对乘员造成伤害。废蓄电池能够进行回收处理和再生处理，蓄电池中有害重金属能够进行集中回收处理。电池组可以采用机械装置进行整体快速更换，线路连接方便。

7. 其他

寿命长、免维修、制造成本低。蓄电池的循环寿命不低于1000次，在使用寿命限定期，不需要进行维护和修理。

四 未来可选电池

1. 铅酸蓄电池

铅酸蓄电池具有技术成熟、成本低、可快速充电、比功率高、比能量低，潜力巨大。镍镉（Ni-Cd）蓄电池具有技术成熟、可实现快速充电、比功率高、成本高、比能量低、潜力大。但这两种电池不是电动汽车的最好选择。

2. 镍氢电池和锂聚合物电池

镍氢（Ni-MH）电池具有比能量高、比功率高、可实现快速充电、成本高、潜力巨大的特点。锂聚合物（Li-ion）电池具有非常高的比能量、非常高的比功率、成本高、潜力巨大，但低温性能差，要适当处理这个问题。这两种电池目前是电动汽车的最好选择。

3. 其他未来可能使用电池

镍锌（Ni-Zn）具有比能量高、比功率高、成本低、循环寿命短、潜力大的特点。锌空气（Zn/Air）电池具有机械式充电、成本低廉、非常高的比能量、比功率低、不能接受再生能量、潜力巨大的特点。铝空气（Al/Air）电池具有机械式充电、成本低、非常高的比能量、非常低的比功率、不能接受再生能量、潜力低的特点。钠硫（Na/S）电池具有比能量高、比功率高、成本高、安全问题、需要热量管理、潜力一般的特点。钠、氯化镍（Na/NiCl$_2$）电池具有比能量高、成本高、需要热管理系统、潜力大的特点。

单元二　电动汽车化学电池

一　铅酸蓄电池

1. 铅酸蓄电池的特点

以酸性水溶液为电解质的蓄电池称为酸蓄电池。由于铅酸蓄电池电极是以铅及其氧化物为材料，故又称为铅酸蓄电池。铅酸蓄电池理论比能量为 175.5W·h/kg，实际比能量 35W·h/kg，能量密度 80W·h/L。铅酸蓄电池的特点是开路电压高，放电电压平稳，充电效率高，能够在常温下正常工作，生产技术成熟，价格便宜，规格齐全。

> **专业指导**　在未提出大力发展新能源汽车之前（约 2010 年前）的第一代低速电动汽车广泛使用了铅酸蓄电池，一部分混合动力汽车也采用了铅酸蓄电池。随着电动汽车技术的发展（约 2010 年后），铅酸蓄电池由于比能量较低，充电速度较慢，寿命较短，立刻被镍氢电池和锂离子蓄电池所取代，以铅酸蓄电池作为电能源的电动汽车称为低速电动汽车，不在新能源汽车之列。

2. 铅酸蓄电池的种类

铅酸蓄电池在汽车上有两种，一种是起动铅酸蓄电池，另一种是动力铅酸蓄电池。混合动力汽车的牵引用动力铅酸蓄电池（简称动力铅酸蓄电池）的性能与起动铅酸蓄电池的要求是不同的。

（1）起动铅酸蓄电池特点

汽车的起动铅酸蓄电池最大的特点是允许短时大电流放电。起动铅酸蓄电池主要应用于发动机起动机的起动供电。

（2）动力铅酸蓄电池特点

有高的比能量和比功率，高的循环次数和使用寿命，以及快速充电等性能，是电动汽车采用的蓄电池。

3. 铅酸蓄电池构造

图 6-2 所示为普通铅酸蓄电池的构造，铅酸蓄电池的基本单元是单体电池（Battery Cell）。每个单体电池都是由正极板、负极板和装在正极板与负极板之间的隔板组成。每个单体电池的基本电压为 2.1V 多一点，不过习惯称为 2V。实际用的铅酸蓄电池是由不同容量的单体电池按使用要求进行组合，装置在不同的塑料外壳中来获得不同电压和不同容量。

铅酸蓄电池总成经过灌装电解液和充电后，就可以从铅酸蓄电池的接线柱上引出电流。

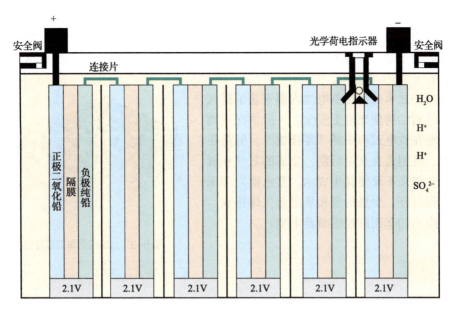

图 6-2　铅酸蓄电池构造

4.铅酸蓄电池原理

（1）起动铅酸蓄电池原理

起动铅酸蓄电池的放电和充电的反应过程可用化学方程式（6-1）表示。铅酸蓄电池在对外负载放电时，化学反应由左向右进行，稀硫酸（H_2SO_4）分别与正极的二氧化铅（PbO_2）和负极的纯铅（Pb）反应都生成硫酸铅（$PbSO_4$），同时产生水。当蓄电池外接充电机时，正、负极板的硫酸铅（$PbSO_4$）又还原为二氧化铅（PbO_2）和纯铅（Pb），同时水变成稀硫酸。

$$\underset{\text{正极}\quad\text{负极}}{PbO_2+2H_2SO_4+Pb} \underset{\text{充电}}{\overset{\text{放电}}{\rightleftharpoons}} \underset{\text{正极}\quad\text{负极}}{PbSO_4+2H_2O+PbSO_4} \qquad (6-1)$$

稀硫酸（H_2SO_4）作为电解液，在充电和放电过程中密度会发生变化。由于铅酸蓄电池在放电过程中，铅酸蓄电池中的稀硫酸（H_2SO_4）的浓度会逐渐减小，因此可以用密度计来测定稀硫酸（H_2SO_4）的密度，再由铅酸蓄电池电解液密度确定铅酸蓄电池电解液放电程度。单体铅酸蓄电池的电压为2V，在使用或存放一段时间后，电池的电压可能降低到1.8V以下，或H_2SO_4溶液的密度下降到 $1.29g/cm^3$ 时。此时，铅酸蓄电池就必须充电，如果电压继续下降，铅酸蓄电池将会损坏。

技师指导 铅酸蓄电池中的稀硫酸（H_2SO_4）也被称蓄电池电解液或电瓶水。

（2）动力铅酸蓄电池原理

动力铅酸蓄电池通常采用密封、无锑材料网隔板等技术，并在普通铅酸蓄电池的电解液中加入硅酸胶（Na_2SiO_3）之类的凝聚剂，见化学方程式（6-2）。使电解质成为胶状物，形成一种"胶体"电解质，采用"胶体"电解质的铅酸蓄电池，使用起来更加方便。但要注意的是动力铅酸蓄电池的化学反应仍是化学方程式（6-1），化学方程式（6-2）只是稀硫酸的一种存在形式。

$$H_2SO_4+N_2SiO_3=H_2SiO_3+Na_2SO_4 \qquad\qquad （6-2）$$

铅酸蓄电池的电极上带有催化剂（Al_2O_3），催化剂可以使充电后期时产生的氢气和氧气反应生成水流回电池，防止充电时电解水时产生的氢气和氧气逸散，从而控制水的消耗，防止液面下降。

蓄电池阀控技术是指在蓄电池内部安装了排气阀结构，排气阀结构使充电更安全。一般情况下阀控铅酸蓄电池在放电过程中是"零排放"，但是在充电过程中，特别是在充电后期，生成的氢气和氧气过多，催化剂来不及使其生成水，蓄电池内部压力上升排气阀打开，少量的氢和氧混合气体排放。如图 6-3 成组后的车用阀控铅酸蓄电池。

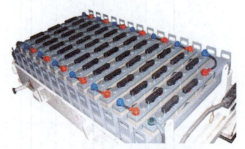

图 6-3　成组后的车用阀控铅酸蓄电池

二　镍氢电池

1. 镍氢电池的技术参数

镍氢电池（Ni-MH）是一种碱性电池，单体电池电压 1.2V，3h 比能量 75~80W·h/kg，比功率 160~230W/kg，能量密度达到 200W·h/L，功率密度 400~600W/L。

2. 镍氢电池的构造

镍氢电池正极是活性物质氢氧化镍 $Ni(OH)_2$，负极是储氢合金，用氢氧化钾作为电解质，在正负极之间有隔膜，共同组成镍氢单体电池。在金属铂的催化作用下，完成充电和放电的可逆反应。镍氢电池的特性与镍镉电池特性基本相同，但氢气是没有毒性的物质，无污染，安全可靠，使用寿命长，而且不需要补充水分。

镍氢电池的极板有发泡体和烧结体两种，发泡体极板的镍氢电池在出厂前必须进行预充电，且放电电压不能低于 0.9V，工作电压也不太稳定，特别是在存放一段时间后，会有近20% 的电荷流失，老化现象比较严重，为避免发泡镍氢电池老化所造成的内阻增高，镍氢电池在出厂前必须进行预充电。经过改进的镍氢电池的烧结体极板本身就是活性物质，不需要进行活性处理也不需要进行预充电，电压平衡、稳定，具有低温放电性能好、不易老化和寿命长的优点。

通常镍氢电池的外形有方形和圆形两种。

3. 镍氢电池的工作原理

如图 6-4 所示，镍氢电池的正极，是球状氢氧化镍粉末与添加剂等金属、塑料和黏合剂等制成的涂膏，用自动涂膏机涂在正极板上，然后经过干燥处理成发泡的氢氧化镍正极板。在正极材料 $Ni(OH)_2$ 中添加 Ca、Co、Zn 或稀土元素，对稳定电极的性能有明显的改进。采用高分子材料作为黏合剂或用挤压和轧制成的泡沫镍电极，并采用镍粉、石墨等作为导电剂时，可以提高大电流时的放电性能。

镍氢电池的负极的关键技术是储氢合金，要求储氢合金能够稳定地经受反复的储气和放气的循环。储氢合金是一种允许氢原子进入或分离的多金属合金的晶格基块，用钛－钒－锆－镍－铬（Ti-V-Co-Ni-Cr）五种基本元素，并与钴、锰等金属元素烧结的合金，经过加氢、粉碎、成形和烧结成负极板。储氢合金的种类和性能，对镍氢电池的性能有直接的影响。负极在充电或放电过程中既不溶解，也不再结晶，电极不会有结构性的变化，在保持自身化学功能的同时，还保证本身的机械坚固性。储氢合金一般需要进行热处理和表面处理，以增加储氢合金的防腐性能，这有利于提高镍氢电池的比能量、比功率和使用寿命。

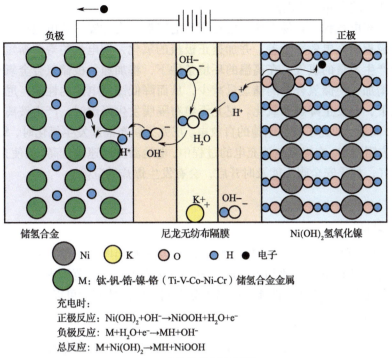

充电时：
正极反应：$Ni(OH)_2+OH^- \rightarrow NiOOH+H_2O+e^-$
负极反应：$M+H_2O+e^- \rightarrow MH+OH^-$
总反应：$M+Ni(OH)_2 \rightarrow MH+NiOOH$

a）镍氢电池充电原理

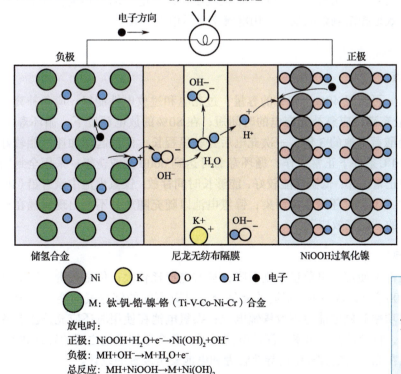

放电时：
正极：$NiOOH+H_2O+e^- \rightarrow Ni(OH)_2+OH^-$
负极：$MH+OH^- \rightarrow M+H_2O+e^-$
总反应：$MH+NiOOH \rightarrow M+Ni(OH)_2$

b）镍氢电池的放电原理

图6-4 镍氢电池在碱性电解液中进行的反应

镍氢电池在碱性电解液中进行反应的模型

电解质是水溶性氢氧化钾（KOH）和氢氧化锂（LiOH）的混合物。在电池充电过程中，水在电解质溶液中分解为氢离子和氢氧离子，氢离子被负极吸收，负极从金属转化为金属氢化物。在放电过程中，氢离子离开了负极，氢氧离子离开了正极，氢离子和氢氧离子在电解质氢氧化钾中结合成水并释放电能。

镍氢电池在充电过程中容易发热，发热产生的高温，会对镍、氢电池产生负面影响。高温状态下，正极板的充电效率变差，并加速正极板的氧化，使电池的寿命缩短。镍氢电池在充电后期，会产生大量的氧气，在高温的环境条件下，将加速负极储氢合金氧化，并使储氢合金平衡压力增加，使储氢合金的储氢量减少，从而降低镍氢电池的性能。尼龙无纺布隔膜在高温的作用下，会发生降解和氧化。尼龙无纺布隔膜发生降解时，产生铵离子（NH_4^+）和硝酸根（NO_3^-）离子，加速了镍氢电池的自放电。尼龙无纺布隔膜发生氧化时，氧化成碳酸根，使镍氢电池的内阻增加。在镍氢电池充电的过程中，电池温度迅速地升高，会使充电效率降低，并产生大量氧气，如果安全阀不能及时开启，会有发生爆炸的危险。

4. 镍氢电池的充放电特性

（1）放电特性

镍氢电池（6个单体电池组件）放电时，2C的功率输出时的质量比功率可达到600W/kg以上，3C的功率输出时的质量比功率可达到500W/kg以上，深度范围内质量比功率的变化比较平稳，对混合动力汽车的动力性能的控制十分有利，电池的寿命可以达到10万km以上。

（2）充电特性

镍氢电池的充电接受性很好，充电效率几乎达到100%，能够有效地接受混合动力汽车在制动时反馈的电能。另外，由于能量损耗较小，镍氢电池的发热量被抑制在最小的极限范围内，可以有效地控制剩余电量，并用电流来显示电池SOC。

5. 镍氢电池的优缺点

（1）优点

充电18min可恢复40%~80%的容量，过充电和过放电性能好；应急补充充电性能好，1h内可以完全充满，应急补充充电的时间短；在80%的放电深度下，循环寿命可达到1000次以上，是铅酸蓄电池的3倍；一次充电后行驶里程长，而且起动加速性能较好；可以在环境温度 –28~80℃条件下正常工作；循环寿命可达到6000次或7年；采用全封闭外壳，可以在真空环境中正常工作；低温性能较好，能够长时间存放；镍氢电池中没有铅（Pb）和镉（Cd）等重金属元素，不会对环境造成污染；镍氢电池以随充随放，不会出现镍镉在没有放完电后即充电而产生的"记忆效应"。

（2）缺点

在高温条件下使用时电荷量急剧下降；自放电损耗较大；价格较贵，镍氢电池的成本很高，达600~800美元/kW·h，不同的储氢合金具有不同的储存氢的能力，价格也不相同；镍氢电池的比功率和放电能力不及镍镉电池；镍氢电池在使用时还应充分注意各个单体电池之间的一致性，特别是在高速率、深放电情况下，各个单体电池之间的容量和电压差较明显。注重对电池组在充、放电过程中的导热管理和电池安全装置的设计。

6. 镍氢电池的应用

目前丰田和本田的混合动力电动汽车多采用镍–氢电池作为能源。

（1）本田车系

如图 6-5 所示为本田 Insight 镍氢电池组，电池组置于行李舱底板，由 120 颗松下 1.2V 镍氢电池组成，串联合计电压为 144V，支持电流充电 50A，放电 100A。为延长电池寿命，每个电池单元放电量为 4A·h，电池组共可放电 144V×4A·h=0.576kW·h。

图 6-5 本田 Insight 镍氢电池组

（2）丰田车系

如图 6-6 所示，第三代普锐斯电池组重 53.3kg，由 28 组松下镍氢电池模块构成，每个模块分别载有 6 个 1.2V 电池（图 6-7），总计 168 个电池，串联标称电压合计 201.6V，比上一代的 38 组 228V 电池有所减少。2009 年丰田第三代普锐斯在国外为插电式混合动力（PHEV），电池装载较多，而在国内丰田第三代普锐斯因无插电功能，所以电池数量和第二代完全相同，也标称 201.6V。

旧款普锐斯中，HV 电池间为单点连接，接点在电瓶上部，而新车型中的电池间为双点连接，新增的点在电池下部，这样蓄电池的内部电阻得以降低。

图 6-6 第三代普锐斯镍氢电池组

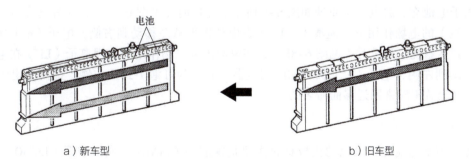

a）新车型　　　　　　　　　　　　　　　　b）旧车型

图 6-7 普锐斯 6 个 1.2V 电池结构

在镍氢电池的制造技术上进行一些改进，例如：正极板采用多极板技术，负极板采用端面焊接技术，在电解液中适当加入 LiOH 和 NaOH，采用抗氧化能力强的聚丙烯毡做隔膜等，可以有效地提高镍氢电池耐高温能力。在镍氢电池动力电池组之间，加大散热间隙，采取有效的散热措施和建立自动热管理系统，以保证镍氢电池正常工作并延长使用寿命。镍氢电池通过增大冷却强度可以让动力电池的放电功率有一定程度的提高，可由 25kW 提高到 27kW。

三 锂离子电池

1. 简介

锂离子电池具有极高的性能优势，是未来动力蓄电池发展的必然方向。相对传统的铅酸以及镍氢和镉镍电池而言，锂离子电池的历史很短。

2. 磷酸铁锂锂离子电池

1997 年美国人发现磷酸铁锂（$LiFePO_4$）模型，发现磷酸铁锂是适合做动力电池正极的一种材料，磷酸铁锂锂离子电池标称电压 3.2V，电压最高为 3.6V，具有以下特点。

（1）高效率输出

标准放电为 2~5C、连续高电流放电可达 10C，瞬间脉冲放电（10s）可达 20C。

（2）高温时性能良好

外部温度 65℃时内部温度则高达 95℃，电池放电结束时温度可达 160℃，电池结构安全、完好。

（3）安全性好

即使电池内部或外部受到伤害，电池不燃烧、不爆炸。

（4）循环容量大

经 500 次循环，其放电容量仍大于 95%。

从磷酸铁锂（$LiFePO_4$）锂离子电池安全的优点我们可以看出，磷酸铁锂电池是最适合用于电动汽车产业化的电池，比亚迪的刀片电池即为磷酸铁锂电池。

3. 锂离子电池的工作原理

锂离子电池其基本原理是相同的。各种锂离子电池内部主要由正极、负极、电解质及隔离膜组成，正负极及电解质材料上不同工艺上的差异使电池有不同的性能，尤其是正极材料对电池的性能影响最大。

锂离子电池充、放电工作原理如图 6-8 所示。充电时（见图 6-8a），在外部充电机（图中画为电池）的电场作用下，锂离子（Li^+）在电池内部从左移动到右侧，电子（e^-）从左侧经充电机到达右侧。放电时（见图 6-8b），在电池内部电场作用下，锂离子（Li^+）在电池内部从右移动到左侧，电子（e^-）从右侧经用电器（此处为灯泡）到达左侧。锂离子电池就是因锂离子在充放电时来回迁移而命名的。

4. 一元锂离子电池

一元锂离子电池是指电池的正极材料主要是镍酸锂（$LiNiO_2$）或钴酸锂（$LiCoO_2$）或锰酸锂（$LiMn_2O_4$）三种物质之一的电池，一元是指其中的镍（Ni）、钴（Co）、锰（Mn）中的一种，突出的是钴酸锂电池。

钴酸锂电池能量密度高，但成本高、安全性差，材料稳定性差，锂电池容易出现安全问题，如果单体容量过大，一旦发生爆炸将十分危险。另外，钴酸锂的主要原材料金属钴元素在我国储量极少，目前 80% 的金属钴（Co）元素基本靠进口，在我国难以大规模使用。

钴酸锂电池主要被应用于 3C 领域 ["3C 产品"，就是计算机（Computer）、通信（Communication）和消费类电子产品（Consumer Electronics）三者结合，亦称"信息家电"

也称小家电]，如手机、笔记本电脑、平板的电池等。

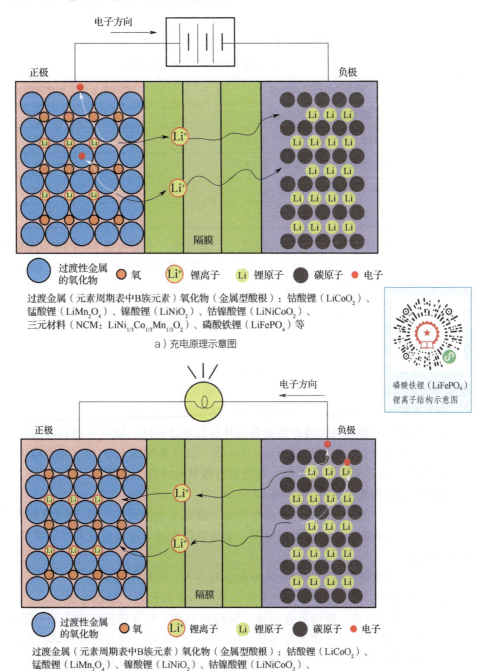

a）充电原理示意图

磷酸铁锂（LiFePO$_4$）
锂离子结构示意图

b）放电原理示意图

图6-8　锂离子电池充、放电原理示意图

5. 三元锂离子电池

以三元材料镍（Ni）、钴（Co）、锰（Mn）作为正极材料的锂离子电池可以看作钴酸锂、锰酸锂和镍酸锂电池的混合升级，中和了三种电池在能量密度和安全性、循环性方面的优缺点，成为动力电池领域主流技术路线之一。

　　根据正极材料中镍钴锰三种金属比例不同,三元锂离子电池可以细分为 NCM111、NCM532、NCM622、NCM811 等。例如 NCM532 即为三元电池中镍、锰、钴的比例为 5:3:2。一般来说,三元锂离子电池中,镍的含量越高,电池能量密度越高(表 6-3),但安全性越差。

表 6-3　锂离子电池能量密度比较

锂离子电池技术路线	单体电池理论能量密度 /(W·h/kg)
磷酸铁锂（LiFePO$_4$）	170
NCM532（镍:钴:锰 =5:3:2）	200
NCM622（镍:钴:锰 =6:2:2）	240
NCM811（镍:钴:锰 =8:1:1）	280
NCA（镍:钴:铝 =8:1.5:0.5）	300

　　目前动力电池行业最新技术为高镍三元锂电池,主要包括 NCA 和 NCM811。其中,NCA 为镍钴铝的混合,常见配比为 8:1.5:0.5,单体能量密度可达 300W·h/kg,高于目前能量上限约为 280W·h/kg 的 NCM811 电池,为目前世界上能量密度最高的锂离子电池。

　　三元锂离子电池优点如下:

　　1)普通单体电池工作电压高达 3.6~3.7V,满电压为 4.2V,电压是镍氢电池的 3 倍,是铅酸蓄电池的近 2 倍。

　　2)重量轻,比能量大,高达 150W·h/kg,是镍氢电池的 2 倍,铅酸蓄电池的 4 倍,因此重量是相同能量的铅酸蓄电池的三分之一到四分之一。

　　3)体积小,比能量高达 400W·h/L,体积是铅酸蓄电池的二分之一到三分之一。

　　4)提供了更合理的结构和更美观的外形的设计条件、设计空间和可能性。

　　5)循环寿命长,循环次数可达 1000 次。以容量保持 60% 计,电池组 100% 充放电循环可达 600 次,使用年限可达 5 年,寿命为铅酸蓄电池的 2~3 倍。

　　6)自放电率低,每月不到 5%。

　　7)允许工作温度范围宽,低温性能好,锂离子电池可在 –20~55℃之间工作。

　　8)无记忆效应,所以每次充电前不必像镍镉电池、镍氢电池那样需要放电,可以随时随地进行充电。

　　9)电池充放电深度,对电池的寿命影响不大,可以全充全放。

　　10)无污染,锂电池中不存在有毒物质,因此被称为"绿色电池"。

　　三元锂离子电池、磷酸铁锂电池、锰酸锂电池虽然在能量密度方面不及钴酸锂电池,但因在安全性、循环性等方面优势明显,因此被广泛应用于动力电池领域。2017 年,动力电池市场中磷酸铁锂和三元电池出货量几乎各占一半,锰酸锂电池占比较小。三元材料在电池能量密度、比功率、大倍率充电、耐低温性能等方面占据优势,但成本、循环性、安全性上弱于磷酸铁锂电池。

6. 全固态锂离子电池

　　全固态锂离子电池简单来说就是指电池结构中所有组件都是以固态形式存在,而如今传统的商业化的锂离子电池则是液态锂离子电池,即电解液是液态、溶液状。具体来说就是把传统锂离子电池的液态电解液和隔膜替换为固态电解质,一般是以锂金属为负极,也可以是石墨类及其他复合材料,放电工作原理如图 6-9 所示。

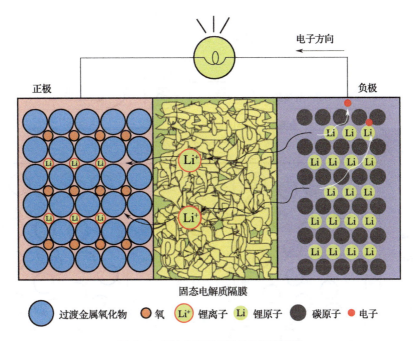

图 6-9 固态锂离子电池放电工作原理

对比各自的优缺点如下：

液态电解质优点：工业化自动化程度高、较好的界面接触、在充放电循环中电极膨胀相对可控、单位面积的导电率高。缺点：易挥发、易燃烧的电解质导致其安全 / 热稳定性较差、依赖于形成 SEI 膜、锂离子和电子可能同时传导。

全固态电解质优点：高安全 / 热稳定性（针刺和高温稳定性极好，可长期正常工作在 60~120℃条件下）；可达 5V 以上的电化学窗口，可匹配高电压材料；只传导锂离子不传导电子；由于固态电解质存在可以在电池内串联组成高电压的单体电池；简化冷却系统，提高能量密度；可使用在超薄柔性电池领域。

缺点：充放电过程中界面应力受影响；单位面积离子电导率较低，常温下比功率差；成本极为昂贵；工业化生产大容量电池有很大困难。

四 钠硫电池

1. 钠硫电池概述

钠硫电池（Sodium-Sulfur Battery）是美国福特公司于 1967 年首先发明并公布，钠硫电池经热反应后所产生的理论能量密度为 786W·h/kg，实际能量密度为 300W·h/kg，具有比能量高、可大电流高功率放电的特点。日本东京电力公司和 NGK 公司合作开发钠硫电池作为储能电池，其应用目标瞄准电站负荷调平、UPS 应急电源及瞬间补偿电源等，并于 2002 年开始进入商品化实施阶段，截至 2007 年，日本年产钠硫电池量已超过 100MW，同时开始向海外输出。

2. 钠硫电池的工作原理

钠硫电池是以 Na-β-氧化铝为电解质和隔膜，并分别以金属钠和多硫化钠为负极和正极的二次电池。

钠硫电池的工作原理如图 6-10 所示，以固体电解质 Na-b（或 b+）-Al$_2$O$_3$（Na$^+$离子导体）为电解质隔膜，熔融硫和钠分别作负、正极，钠硫电池是靠电子转移而再生能量。

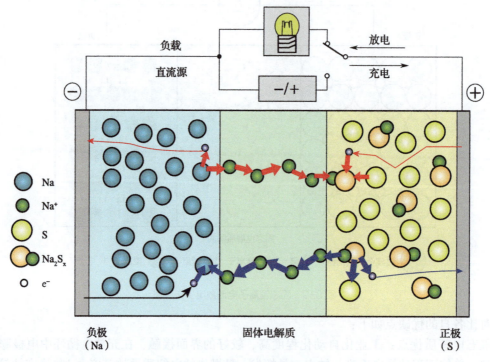

图 6-10　钠硫电池工作原理示意图

3. 钠硫电池的优缺点

（1）充电次数

钠硫电池采用的材料特殊，所以能连续充电近 2 万次，也就是说相当于近 60 年的使用寿命，且终生不用维修，不排放任何有害物质，也无二次污染公害，这是别的电池达不到的。

（2）充电时间

钠硫电池是靠电子转移而再生能量，所以它充电时间相当短暂，一次充电可运行 10~11h。

（3）比能量高

比能量约是铅酸蓄电池的 10 倍，是镍氢电池的 4 倍，是锂电池的 3 倍。

（4）高功率

钠硫电池可大电流、高功率放电。

（5）充放电效率

钠硫电池的充放电效率几乎高达 100%。

但钠硫电池的不足之处是其工作温度在 300~350℃，需要一定的加热保温。另外，过充电时很危险。

单元三　电动汽车物理电池

一 超级电容

1. 超级电容概述

传统电容为获得较大的电容量，必须增大面积或减少介质厚度，但这个伸缩空间有限，导致它的储电量和储能量较小。因此传统电容器的面积是导体的平板面积，为了获得较大的容量，导体材料卷制得很长，有时用特殊的组织结构来增加它的表面积。传统电容器是用绝缘材料分离它的两个极板，一般为塑料薄膜、纸等尽可能薄的材料。

超级电容器又叫黄金电容或法拉电容，它通过极化电解质来储能，属于双层电容的一种。超级电容一般使用活性炭电极材料，具有吸附面积大、静电储存多的特点，由于其储能的过程并不发生化学反应，因此这种储能过程是可逆的，因此超级电容器可以反复充放电数十万次。

目前已经研制出活性炭材料表面积可达 $2000m^2/g$，单位重量的电容量可达 100F/g，并且电容的内阻还能保持在很低的水平；而且炭材料还具有成本低，技术成熟等优点，使得该类超级电容在汽车上应用最为广泛。

2. 超级电容的工作原理

超级电容电极采用多孔化电极，采用活性炭粉、活性炭和活性炭纤维。电解液采用有机电解质。

多孔性的活性炭有极大的表面积，在电解液中吸附着电荷，因而具有极大的电容量，并可以存储很大的静电能量。双电层超级电容器的充放电过程始终是物理过程，没有化学反应，因此性能稳定，与利用化学反应的蓄电池是不同的。

3. 超级电容的电极类型

（1）炭电极

炭电极超级电容器的面积是基于多孔炭材料，该材料的多孔结构允许其面积达到 $2000m^2/g$，通过一些措施还可以实现更大的表面积。炭电极超级电容器电荷分离开的距离是由被吸引到带电电极的电解质离子尺寸决定的，该距离（<10A）比传统电容器薄膜材料所能实现的距离更小。这种庞大的表面积再加上非常小的电荷分离距离使得超级电容器较传统电容器而言有巨大的静电容量。超级电容器的这一储电特性介于传统的电容器与电池之间。尽管这能量密度比电池低，但是这能量的储存方式，有快充快放的特点，可以应用在传统电池难以解决的短时高峰值电流应用之中。

在电动汽车上广泛使用的主要是炭电极超级电容。

（2）金属氧化物电极

由于金属氧化物（氧化钌）电极电容价格高昂，有二次污染等因素，目前主要用于军事领域。

（3）有机聚合物电极

有机聚合物技术尚未成熟。

4.超级电容的应用

目前超级电容已广泛应用到新能源汽车中，用做起动、制动、爬坡时的辅助动力。

汽车频繁的起步、爬坡和制动造成其功率需求曲线的变化很大，在城市路况下更是如此。这就需要频繁在峰值功率和工作功率之间切换，无疑会大大损害电池的寿命。如果使用比功率较大的超级电容，当瞬时功率需求较大时，由超级电容提供尖峰功率，从而可以大大增加起步、加速时系统的功率输出。

在制动回馈时吸收尖峰功率，可以减轻对电池或其他功率器件的压力。而且可以高效地回收大功率的制动能量。这样做还可以提高电池的使用寿命，改善其放电性能。

（1）超级电容和蓄电池并联

超级电容的快充快放特点使其十分适合为公交车提供动力。超级电容较低的比能量使得它不太适合单独用作汽车能量源，最好组成复合能源系统，但是这增加了整车的成本。

超级电容和蓄电池采用并联的连接方式。汽车在正常行驶的时候，电容不参与工作。但当车辆进行加速或上坡时，电容通过 DC-DC 变换器的控制提供短期的大电流，不足的部分由电池补充。

例如，某超级电容组汽车采用 272 个电容单元，单体电容电压为 1.39V，串联后工作电压为 380~390V，总重量约 319kg，电容为 18000F。电容组和变频器之间串有双向 DC-DC 变换器，当电容的电压低于蓄电池的端电压时，DC-DC 变换器通过工作电路降压，使得超级电容达到能量饱和状态。在汽车急加速时，蓄电池急需电容补充能量，这时需要通过控制电路对电容能量进行升压输出到驱动电机变频器正、负输入端，为电机提供能量。

（2）电起动系统

超级电容的串联等效电阻非常小，非常适合做起动电源。超级电容与其他电池相比较，有超低串联等效电阻，功率密度是锂离子电池的数十倍以上，适合大电流放电。例如，4.7F 的超级电容器能瞬间提供 18A 以上电流；温度范围宽，可在 -40~70℃之间（一般电池在 -20~60℃之间）。

（3）汽车部件的辅助能源

除了用于动力驱动系统外，超级电容在汽车零部件领域也有广泛的应用。例如，未来汽车设计使用的 42V 电压，42V 电压为转向系统电机、制动系统电机、空调系统电机或加热、高保真音响及电动座椅等供电。如果使用长寿命的超级电容，可以使得需求功率经常变化的子系统性能大大提高。另外，还可以减少车内用于电制动、电转向等子系统的布线，同时减少汽车子系统对电池的功率消耗，延长电池使用寿命。

5.超级电容器产业

在超级电容器的产业化方面，美国、日本、俄罗斯、瑞士、韩国、法国的一些公司凭借多年的研究开发和技术积累，目前处于领先地位。例如：美国的 Maxwell，日本的 NEC、松下、Tokin 和俄罗斯的 Econd 公司等公司目前占据着全球大部分市场。Maxwell 公司超级电容如图 6-11 所示。

图 6-11 Maxwell 公司超级电容

二　飞轮电池

1. 飞轮电池概述

飞轮电池发展已经比较成熟，由于其远大于化学电池的比功率和比能量，成为目前许多科研工作者的研究重点。

美国飞轮系统公司（AFS）已经生产出了以克莱斯勒 LHS 轿车为原型的飞轮电池轿车 AFS20，这是一种完全由飞轮电池供电的电动汽车。它由 20 节飞轮电池驱动，每节电池直径 230mm，质量为 13.64kg，电池用市电充电需要 6h，而快速充电只需要 15min，一次充电行驶路程可达 560km，从 0 加速到 96km/h，只需要 6.5s，其寿命长达 20 年。

专业指导　飞轮电池系统历史

1992 年美国飞轮系统公司（AFS）开发了一种用于汽车上的机 - 电电池（EMB），每个"电池"长 18cm，直径 23cm，质量为 23kg。电池的核心是一个以 20 万 r/min 旋转的碳纤飞轮，每个电池储能为 1kW·h，它们将 12 个"电池"放在 IMPACT 轿车上，能使该车以 100km/h 的速度行驶 480km。机 - 电电池共重 273kg，若采用铅酸蓄电池，则共重 396kg。机 - 电电池所储的能量为铅酸蓄电池的 2.5 倍，使用寿命是铅酸蓄电池的 8 倍，且它的"比功率"（即爆发力）极高，是铅酸蓄电池的 25 倍，是汽油发动机的 10 倍，它可将该车在 8s 内由静止加速至 100km/h。

1994 年，美国阿贡（ANL）国家实验室用碳纤维试制一个储能飞轮：直径 38cm，质量为 11kg，采用超导磁悬浮，飞轮线速度达 1000m/s。它储存的能量可将 10 个 100W 灯泡点燃 2~5h。该实验室目前正在开发储能为 50kW·h 的储能飞轮，最终目标是使其储能达 5000kW·h 的储能飞轮。一个发电功率为 100 万 kW 的电厂，约需这样的储能飞轮 200 个。

全球领先的大规模飞轮储能系统供应商 Beacon Power 于 2011 年 10 月 30 日宣布申请破产保护。Beacon Power 用此款项建设了世界上第一个大规模的飞轮储能电网应用项目，即位于纽约州的 20MW 飞轮储能项目。这项技术可在城市用电量少时储存多余电力，并在用电需求上升时便将电力注入电网，令更多太阳能、风力发电产生的电力不致浪费。

2. 基本工作原理

如图 6-12 所示，将外界输送过来的电能通过电动机转化为飞轮转动的动能储存起来，当外界需要电能的时候，又通过发电机将飞轮的动能转化为电能，输出到外部负载，而空闲运转的时候要求损耗非常小。事实上，为了减少空闲运转时的损耗，提高飞轮的转速和飞轮储能装置的效率，飞轮储能装置轴承的设计一般都使用非接触式的磁悬浮轴承技术，而且将电机和飞轮都密封在一个真空容器内以减小风阻。

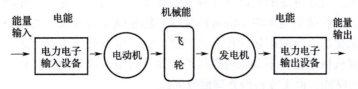

图 6-12　飞轮电池工作原理

发电机和电动机通常使用一台电机来实现，通过轴承和飞轮连接在一起，在实际常用的飞轮储能装置中，主要包括飞轮、轴、轴承、电机、真空容器和电力电子装置。飞轮储能装置。结构的示意图如图 6-13 所示。

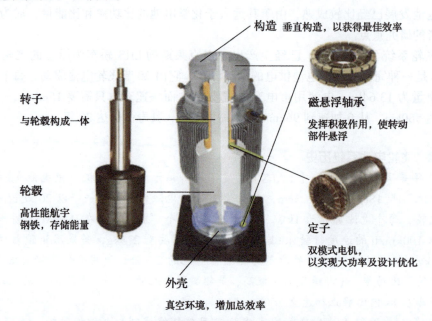

图 6-13　飞轮电池组成（Vycon 飞轮剖面立体图）

当外设通过电力电子装置给电机供电时，电机就作为电动机使用，它的作用是给飞轮加速，储存能量；当负载需要电能时，飞轮给电机施加转矩，电机又作为发电机使用，通过电力电子装置给外设供电；在整个飞轮储能装置中，飞轮无疑是其中的核心部件，它直接决定了整个装置的储能多少，它储存的能量

$$E = \frac{1}{2}j\omega^2 \qquad\qquad (6\text{-}3)$$

式中，E 为飞轮储存的能量；j 为飞轮的转动惯量，与飞轮的形状和重量有关；ω 为飞轮转动的角速度。

由式（6-3）可知，飞轮储能装置储存的能量多少由飞轮的形状、重量和转速决定，电力电子装置通常由 FET 或 IGBT 组成的双相逆变器和控制电路决定飞轮储能装置能量输入输出量的大小。

3. 飞轮电池的性能

飞轮电池充电快，放电完全，非常适合应用于混合能量推动的车辆中。车辆在正常行驶和制动时给飞轮电池充电。飞轮电池则在加速或爬坡时，给车辆提供动力，保证车辆运行在一种平稳、最优状态下的转速，可减少燃料消耗、空气和噪声污染、并可以减少发动机的维护，延长发动机的寿命。飞轮电池的比能量比镍氢电池大 2~3 倍；飞轮电池比功率高于一般化学蓄电池和内燃机，其快速充电可在 18min 内完成且能量储存时间长。另外，飞轮电池能进行超快速充电，且无化学电池的缩短使用寿命问题，整个电池的使用寿命远长于各种化学蓄电池。最后飞轮为纯机械结构，不会像内燃机产生排气污染，同时也没有化学蓄电池的化学反应过程，不会引起腐蚀，也无废料的处理回收问题。

4.飞轮电池的核心技术

飞轮储能装置主要包括飞轮、电机和电力电子装置三个核心器件。

飞轮储能方法一直未能得到广泛的应用主要原因：

1）飞轮本身的能耗主要来自轴承摩擦和空气阻力。

2）常规的飞轮是由钢（或铸铁）制成的，储能有限。

3）要完成电能机械能的转换，还需要一套复杂的电力电子装置。

目前，飞轮储能技术取得突破性进展是基于下述三项技术的飞速发展：

1）高能永磁及高温超导轴承技术的发展。

2）高强纤维复合材料技术的发展。

3）电力电子技术的发展。

5.飞轮电池的轴承技术

轴承技术是储能飞轮研究的关键技术。由于储能飞轮的质量、转动惯量相对较大，转速很高，其陀螺效应十分明显，并存在过临界问题，因此对支承轴承提出了较高的要求。

机械轴承主要有滚动轴承、滑动轴承、陶瓷轴承和挤压油膜阻尼轴承等，其中滚动轴承和滑动轴承常用作飞轮系统的保护轴承，陶瓷轴承和挤压油膜阻尼轴承在特定的飞轮系统中获得应用。

飞轮的先进支承方式主要有超导磁悬浮、永磁悬浮、电磁悬浮。

（1）超导磁悬浮轴承

超导磁悬浮轴承由永磁体与超导体组成。超导体多采用高温超导体，例如钇钡铜氧（YBCO）超导体。

当超导体处于超导态时，具有抗磁性和磁通钉扎性。超导磁悬浮轴承利用抗磁性提供静态磁悬浮力，利用钉扎性提供稳定力，从而实现稳定悬浮。为大功率、短期应用而设计的飞轮系统，通过物体绕轴旋转将动能存储起来，就如同一个动能电池，因而可取代铅蓄电池。配备非接触式磁悬浮轴承的高速永磁电机，运转中100%悬浮使得转子轮毂在转动时脱离所有金属接触，排除了轴承磨损，无需轴承润滑油或润滑脂，也无需维护。因此，在整个飞轮使用期间都无需更换轴承。与传统电池组不同，飞轮在其20年使用周期中，即使进行无数次高速充放电也不会造成损耗。

处于超导态的超导体有迈斯纳效应，迈斯纳效应是指超导体在磁场中呈现抗磁性。抗磁性指当永磁体接近超导体时，超导体内部产生感应电流。感应电流产生的磁场与外磁场方向相反，由此产生超导体和永磁体间的斥力，使超导体或永磁体稳定在悬浮状态。

超导体的磁化强度取决于超导材料的微观晶体结构。有明显磁通钉扎性的钇钡铜氧（YBCO）超导体所产生的磁悬浮力有黏滞行为，它一方面表现为刚度，另一方面也带来阻尼。由于磁场的不均匀性，转子自转时，定子和转子之间的磁性相互作用会产生摩擦阻力。超导磁悬浮轴承的能量损耗主要包括磁滞损耗、涡流损耗和风损。由于无机械接触，超导磁悬浮轴承的总能耗很小，当然低温液氮的获取和维持需要消耗一定的能量（超导体是由钡钇铜合金制成，并用液氮冷却至77K，飞轮腔抽至10~8托的真空度（1托=133.332Pa）。由于旋转体为永磁材料，受强度限制，转速不能太高，一般不超30000r/min。由于具有自稳定性、能耗小、高承载力等优点，超导磁悬浮轴承可以用作储能飞轮系统的支承，提高系统的稳定性和储能效率。

（2）永磁轴承

永磁轴承通常由一对或多个磁环作径向或轴向排列而成，其中也可以加入软磁材料。设计不同排列，利用磁环间吸力或斥力，可作径向轴承，也可用作抵消转子重力的卸载轴承。随着永磁材料的快速发展，永磁轴承的承载力迅速增加。但是只用永磁轴承是不可能实现稳定悬浮，需要至少在一个方向上引入外力（如电磁力、机械力等）对汽车在加速、上下坡及减速时的飞轮轴相对轴承的位置校正。永磁体要实现高速旋转，需要减小径向尺寸或者以导磁钢环代替永磁环。

（3）电磁悬浮轴承

电磁悬浮轴承采用反馈控制技术，根据转子的位置调节电磁铁的励磁电流，以调节对转子的电磁吸力，从而将转子控制在合适的位置上。电磁轴承能在径向和轴向对主轴进行定位，使飞轮运转的稳定性和安全性得到一定的提高，电磁轴承的突出优点是可超高速运行，30000~60000r/min 是电磁轴承通常的运行范围。

机械轴承、超导磁悬浮轴承、永磁悬浮轴承、电磁悬浮轴承支承方式各有优、缺点，因此在实际应用中常将几种支承方式组合使用。

6.飞轮电池的应用

就目前的技术来看，飞轮电池电动汽车还不能广泛应用，根据飞轮储能装置本身的特点来讲，它更加适用于混合电动汽车技术中，混合动力汽车是靠内燃机和电机两种方式共同提供推动力的，在汽车正常行驶和制动时给电池充电，汽车爬坡和加速时需要功率大的时候让电池放电。

由于普通汽车发动机在大多数工况行驶时输出的功率仅有发动机最大功率的四分之一，存在大马拉小车的情况较多。混合动力汽车中蓄电池和电机的加入恰好可以解决这个问题。这样混合动力汽车在设计的时候就可以不用按照汽车的最大功率来进行设计，可以避免在正常行驶的过程中出现大马拉小车的现象，大幅度提高汽车的性能。随着磁悬浮技术的发展，飞轮的充放电次数远远大于汽车电池使用的需要，而且飞轮的充放电是化学能和机械能的相互转化，它的放电深度可大可小，绝不会影响电池寿命，同时，由多台驱动电机共同驱动的飞轮系统可以在很短的时间内达到几万转的转速。此外，在飞轮储能装置中，决定输入输出的器件是它外接的电力电子器件，而与外部的负载没有关系，还可以很方便地通过控制飞轮的旋转速度来控制飞轮的充电，这种特点在化学电池中实现起来要困难得多。

混合电动汽车的原理和混合动力汽车差不多，它是将飞轮电池加到化学电池或者其他电池上，做成一块电池，称为飞轮混合电池，共同驱动汽车电机，典型代表为保时捷 911 GT3 R Hybrid 油电混合动力汽车（图 6-14）。采用飞轮电池（图 6-15），这套针对赛车开发的 Hybrid 油电混合动力系统，采用前轮电力驱动搭配后轮发动机驱动的油电混合四驱模式，左右前轮传动轴的两台电机，分别拥有 60kW 的输出功率，搭配输出 480 马力的后置后驱 6 缸水平对置卧式发动机和体积小、高效能的电控飞轮电池设计，利用飞轮物理储能取代现行主流的镍氢与锂电池组设计。飞轮电池组最高转速可达 40000r/min，搭配前轮轴两颗电机组成充放电架构。在制动时前轮电机发电，将前轮制动动能转换为电能并回充至飞轮电机增加电机转速，当要踏踩加速踏板输出动力时，飞轮电池又可供电，驱动两台电机，Porsche 一次全力放电时，高达 120kW 的前轮总输出动力将可维持 6~8s。

图6-14 保时捷911 GT3 R Hybrid油电混合动力
汽车驾驶室

1—电机逆变器 2—驱动电机 3—电缆
4—飞轮电池 5—飞轮电池逆变器

图6-15 座椅下部的飞轮电池总成

单元四 储能装置的复合结构形式

采用蓄电池、燃料电池、超级电容和飞轮电池等可构成6种典型的电动汽车。

一 蓄电池单独作为能源

图6-16所示是现在电动汽车所独有的以蓄电池作为能量源的一种结构，也是目前电动汽车的应用最多的方式。

所选蓄电池应该能提供足够高的比能量和比功率，并且在车辆制动时能回收再生制动能量。比能量影响汽车的行驶里程，而比功率影响汽车的加速性和爬坡能力。因此，同时具有高比能量和高比功率的蓄电池对电动汽车而言是最理想的动力源。

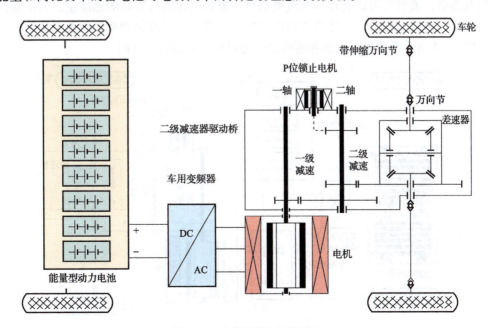

图6-16 仅蓄电池作为能量源

二 能量型电池 + 功率型电池

当一种蓄电池不能同时满足对比能量和比功率的要求时，可以在电动汽车上同时采用两种不同的蓄电池，其中一种能提供高比能量，另一种提供高比功率。图 6-17 所示为两种蓄电池作混合动力能源的基本结构。

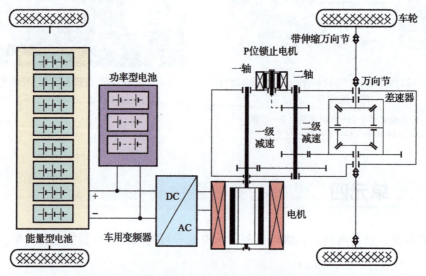

图 6-17　高能量蓄电池 + 高功率蓄电池作为能量源

三 蓄电池 + 氢气燃料电池

除了蓄电池以外，还可以用燃料电池作为储能装置，它是一个小型发电装置。燃料电池的工作原理是利用可逆的电解过程，即用氢气和氧气结合产生电和水。氢气可以储存在一个车载氢气罐里，而氧气可以直接从空气里获得。燃料电池能提供高的比能量，但不能回收再生制动能量，因此最好与一种能提供高比功率，且能高效回收制动能量的蓄电池结合在一起使用。图 6-18 所示是用燃料电池和蓄电池作为混合动力的结构框图。

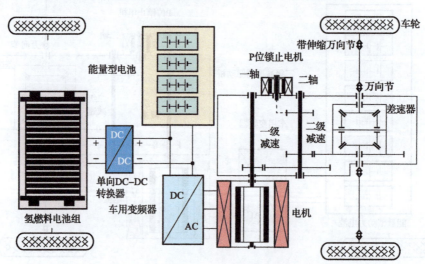

图 6-18　蓄电池 + 氢气燃料电池发动机作为能量源

四 蓄电池 + 超级电容器

当用蓄电池与电容器进行混合时，所选的蓄电池必须能提供高比能量，因为电容器本身比蓄电池具有更高的比功率和更高效回收制动能量的能力。由于用在电动汽车上的电容器（通常称为超大容量电容器）相对而言电压较低，所以需要在蓄电池和电容器之间加一个 DC-DC 功率转换器。图 6-19 所示为蓄电池和电容器作混合动力的结构框图。

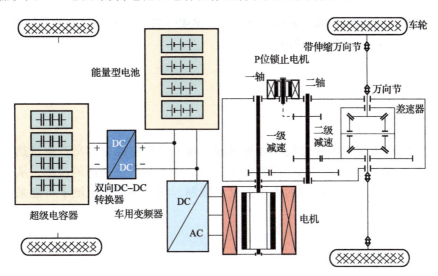

图 6-19　蓄电池 + 超级电容器作为能量源

五 蓄电池 + 超高速飞轮

与超大容量电容器类似，飞轮是另外一种新兴的具有高比功率和高效制动能量回收能力的储能器。用于电动汽车的飞轮与传统低速笨重的飞轮是不同的，这种飞轮质量轻，且在真空下高速运转。超高速飞轮与具有两种工作模式（电动机和发电机）的电机转子相结合，能够将电能和机械能进行双向转换。图 6-20 显示了这种飞轮和蓄电池作混合动力的结构，所

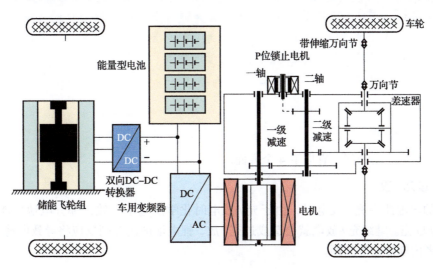

图 6-20　蓄电池 + 超高速飞轮作为能量源

选用的蓄电池应能提供高比能量。飞轮与无刷交流电机结合使用，应在飞轮和蓄电池之间加一个 AC-DC 转换器。

单元五 电池管理系统

电池管理系统（Battery Management System，BMS）在生产和售后服务资料中多称为电池控制单元（Battery Control Unit，BCU）。

一 电池管理的必要性

1. 电池过热

汽车动力电池要采用大容量的单体锂电池，而大容量电池更容易产生过热。单体电池有一定的温度耐受范围，在实际应用中如果体积过大，会产生局部的过热，从而影响电池的安全和性能。因此，单体电池的大小要受到限制，动力和储能电池不可能采用超大的单体锂电池。

➤ **说明：** 在苛刻的使用环境下，20A·h 锂电池局部最高温度为 135℃；50A·h 锂电池局部温度高达 188℃，更容易出现安全问题。所以有必要监测和控制温度。

2. 电池的性能不完全一致

基于现有的正极材料和电池制造水平，单体电池之间尚不能达到性能的完全一致，在通过串、并联方式组成大功率大容量动力电池组后，苛刻的使用条件也易诱发局部偏差，从而引发性能不一致，引发安全问题。

因此，为确保电池的性能良好、延长电池使用寿命，必须使用 BMS 对电池组的充电电压、充电电流、放电电压、放电电流以及电池电压均衡等进行合理有效的管理和控制，据统计 BMS 可使电池寿命延长 50% 以上。

➤ **说明：** 生产和使用过程均会造成电池电压、内阻、容量、电流承受能力不一致。

同种电池的生产批次不同时，生产工艺和材料有差异，即使同批次也有差别。电池到用车客户手中时电池在库房储存的时间不同，电池在汽车上长时间使用，电池箱内的不同电池材质老化不同步，都将会导致电压、内阻、容量有差异；生产时个别电池内部短路，使用时会有电池自放电；电池组内不同区域温度不同，电池串、并联充放电时某个电池组中可能出现个别电池漏电。

3. 电池成组问题

电池成组后主要的问题有以下 4 个方面。

（1）过充/放

串联的电池组在充/放电时，由于充/放电时化学反应不一致，部分电池可能先于其他电池充满/放完。继续充/放电就会造成过充/放，锂电池的内部副反应将导致电池容量下降、热失控或者内部短路等问题。

（2）过大电流

并联、老化、低温等情况，均会导致部分电池的电流超过其承受能力，降低电池的寿命。

（3）温度过高

局部温度过高，会使电池的各项性能下降，最终导致内部短路和热失控，产生安全问题。

（4）短路或者漏电

因为振动、湿热、灰尘等因素造成电池短路或漏电，威胁驾乘人员的人身安全。

二　电池管理系统功能

BMS 的功能是要避免电池成组后出现的问题，因此需要动态监测动力电池组的工作状态，为此要利用电池电压、电流和温度进行管理。

1. 输入信号

（1）电压

利用成组或每块电池的端电压进行电池一致性计算、总电压计算，采集成组后的电池是降低成本和提高可靠性的一种实用方式。

（2）温度

利用温度传感器对每个电池的温度进行直接监测是不现实的，实用的汽车制造商采用的方法是监测电池箱内的温度，作为温度控制的依据。

（3）电流

利用电流信号估算出各电池的荷电状态（State of Charge，SOC）；利用电流和电压共同推断电池的健康状态（State of Health，SOH）和电化学状态（State of Electroformation，SOE）。

（4）绝缘电阻

利用漏电保护器监测电池的正极对车身、负极对车身、甚至正极对负极的绝缘电阻。

（5）高压继电器触点监测

利用高压上电继电器触点两端的电压监测，实现高压继电器触点粘连监测。

> **技师指导**　这样的汽车一般不设计检修塞，同时自诊断程序中也会有下电程序，仪表在修理人员执行下电程序后，仪表会有下电成功的显示，这样就减少了再次验电的麻烦。

2. 输出控制

（1）监测故障电池

能够及时给出电池状况，找出故障电池所在箱号和箱内位号，挑选出有问题的电池，保持整组电池运行的可靠性和高效性。

> **技师指导**　通过诊断仪找出故障电池后，更换电池时，要将新电池或旧的但未坏的电池充电或放电至电池箱中余下电池的状态，才能换上电池。

（2）电池温度管理

电池温度管理是根据电池箱内的电池温度控制冷却执行器，执行器分为加热功能和冷却功能。

电池加热设计只针对锂离子电池，镍氢电池则不必加热。加热方式可采用 PTC 加热冷却液，热量经冷却液给电池箱加热，也可在电池箱内直接采用 PTC 进行加热。

电池冷却方式分为风冷和水冷两种。水冷方式一般针对锂离子电池，冷却可采用制冷空调对冷却液制冷，冷的冷却液再给电池箱冷却，也可在电池箱内直接采用空调蒸发器进行冷却。风冷一般针对镍氢电池，仅通过鼓风机对电池箱进行通风控制。

> **技师指导**　锂离子电池的温度管理执行器为 PTC 加热器和制冷空调，镍氢电池温度管理执行器为通风用鼓风机。

（3）SOC 仪表

将估算的剩余电量显示出来或换算成续驶里程，同时，还需要有自动报警和故障诊断功能，方便驾驶人操作和处理。

（4）充电机控制

电池管理系统通过总线将电池管理系统计算出来的适合充电电压、电流发给充电机，通过控制充电机，防止电池产生过充电或过放电现象。

电池管理系统（BMS）的任务、输入和输出见表 6-4。

表 6-4　BMS 的主要任务、输入和输出

BMS 的主要任务	输入信号	执行部件
防止过充	电池电压、电流、温度	充电机
避免过放	电池电压、电流、温度	电机功率转换器
温度控制	电池温度	冷热空调（风扇等）
电池组件电压和温度的平衡	电池电压和温度	平衡装置
预测电池的 SOC 和剩余行驶里程	电池电压、电流、温度	显示装置

充电站充电机的性能的要求是大容量、长寿命、快速响应、可涓流充电，因此对 BMS 的要求方面有所不同，但总体功能仍与动力电池的 BMS 类似，起到监控电池 SOC 和 SOH、动态充 / 放电、智能管理和输出控制等功能。

三　丰田普锐斯电池管理系统

1. 系统主要部件

丰田第二代普锐斯电池箱结构如图 6-21 所示。

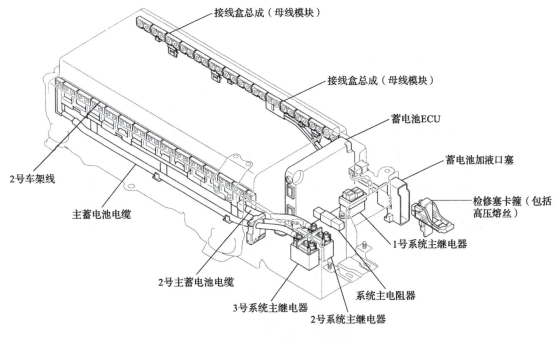

图6-21　丰田普锐斯电池箱结构

2. 系统控制

（1）HV 蓄电池总成管理和安全保护功能

1）车辆加速时，蓄电池总成放电。车辆减速时，蓄电池总成通过转换制动能量充电。蓄电池 ECU 根据电压、电流和温度测算 HV 蓄电池的 SOC（荷电状态），然后将结果发送至 HV ECU。结果，混合动力汽车辆控制 ECU 根据 SOC 执行充电和放电控制。

2）如果故障发生，则蓄电池 ECU 执行安全保护功能，依照故障程度保护 HV 蓄电池总成。

（2）蓄电池鼓风机电机控制

车辆行驶时，为了控制 HV 蓄电池总成温度的升高，蓄电池 ECU 根据 HV 蓄电池总成的温度决定并控制蓄电池鼓风机的转速。

（3）MIL（故障灯）控制

如果蓄电池 ECU 检测到影响排放的故障，它将把 MIL（故障灯）点亮的请求输送给混合动力汽车辆控制 ECU，由混合动力控制 ECU 控制仪表故障灯（蓄电池 ECU 不直接点亮 MIL）。

3. 系统工作原理

混合动力蓄电池系统图如图 6-22 所示。从图可知其电池管理系统对电池的管理采用了分组管理，168 块电池分成 14 组，一组的电池数为 12 个单体，标称电压为 14.4V，蓄电池总电压是各组电池电压之和。

蓄电池的电流监测通过霍尔式电流传感器实现，传感器对蓄电池的电流进行数值积分可确定电池容量（SOC）。

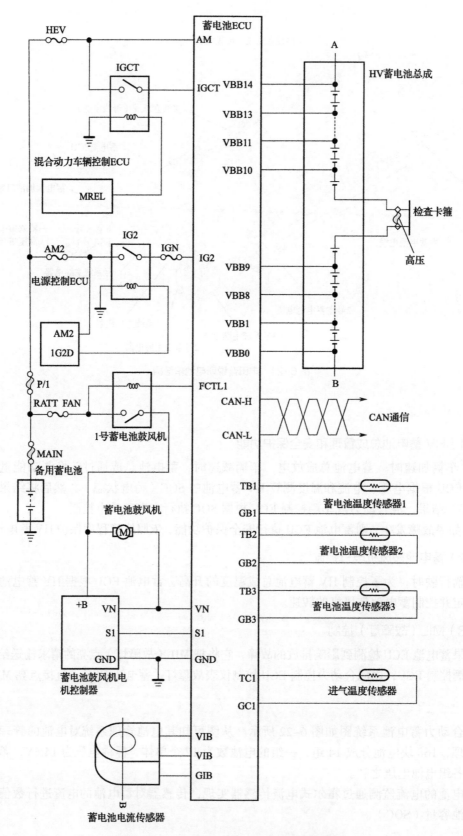

图 6-22 丰田普锐斯镍氢电池管理系统电路图

　　镍氢电池的温度由电池箱内的三个温度传感器确定，电池的进风口采用一个温度传感器，出风口采用两个温度传感器。进气鼓风机采用调速控制模块进行转速控制，转速由进风口和出风口温度差以及一个进风口进气温度传感器决定。

　　电池管理系统生成上述信息和自诊断的故障等信息通过 CAN 总线实现网络共享。

四　电池管理系统技术

　　蓄电池管理系统主要执行以下工作：电压、电流与温度测量；计算电池 SOC；计算电池放电深度（DOD）；计算最大允许放电电流；计算最大允许充电电流；预测蓄电池寿命指数和 SOH；故障诊断。

1. SOC 的估算方法

　　传统的 SOC 基本估算方法有开路电压法、内阻法和安时法等。近年来，又相继研发出许多对电池 SOC 的新型算法。各种智能算法和新型算法还不够成熟，有些复杂算法在单片机系统上难以实现。为了更准确地估算 SOC，在算法中还需要考虑对电池的温度补偿、自放电和老化等多方面因素，这也加大了算法的复杂程度。目前，国内实际应用的实时在线估算 SOC 的方法大多采用以电流积分为主，加上不同的电压修正的方式（开路电压法、零负载电压法），但是测量精度还不高。

　　（1）安时法（电流积分）

　　安时法是目前唯一可以精确计算电池组 SOC 的方法，要求标定 SOC 初始值，需要精确计算充电效率或放电倍率，需要以恒电流对电池组进行充放电，必须将电池组彻底放电，存在累计误差。

　　（2）开路电压法

　　开路电压法是电池在充分静置之后测得的开路电压值，计算 SOC，正相关性容易受温度、静止时间等因素的影响；电压处于平台上，SOC 估算易造成较大误差。

　　（3）直流内阻法

　　直流内阻法是直流内阻在 SOC 处于 50% 以下时，呈负相关性，当 SOC 处于 50%~80% 之间时不适用；直流内阻很小，准确测量困难；受其他很多非线性因素的影响。

　　电池电解液有效质量法适合铅酸蓄电池，不适合镍氢和锂电池；其他方法还有零负载电压法、放电法、在线辨识电池的准确模型、电化学分析法、线性模型法。

2. 动力电池组的安全管理

　　动力电池组管理系统要承担动力电池组的全面管理，一方面保证动力电池组的正常运作，显示动力电池组的动态信息，并能及时报警，使驾驶人随时都能掌握动力电池组的情况；另一方面要对人身和车辆安全进行保护，避免因电池引起的各种事故。

　　电池与电池、电池组与电池组之间需要用高压电缆连接。当动力电池组的总电压较高或采用高压直流输出时，高压电缆的截面积比较小，有利于电线束的连接和固定，但高电压要求有更可靠的防护。

　　当动力电池组的总电压较低时，电流比较大，高压电缆的截面积则比较粗，高压电缆很硬，不能随意形变，安装较不方便。各个电池箱之间还需要用高压电缆将各个电池箱串联起来，一般在最后输出一箱中加装手动或自动断电器，以便在安装、拆卸和检修时切断电流。另外，在电池箱中还有各种传感器线束，因此在汽车上有尺寸很长的各种各样的电线束，要求电线之间有可靠的绝缘，并能快速进行连接。

动力电池组的总电压可以达到 90~400V，高电压对人体会造成危害，应采取有效的隔离措施，一般是将动力电池组与车辆的乘坐区分离，将动力电池组布置在地板下面或车架的两侧。在正常的情况下，车辆停止使用时，通常会自动切断电源，只有在汽车起动时才接通电源。当汽车发生碰撞或倾覆时，电池管理系统应能立即切断电源，防止高压电引起的人身事故和火灾，并防止电解液造成的伤害，以保证人身安全。可以利用安全气囊触发 BMS 管理系统控制自动开关断开。

电池自身的安全问题，尤其是锂离子电池在过充电时会着火甚至爆炸，因此电池使用的安全问题是国内外各大汽车公司和科研机构当前所面临和必须解决的难题，它直接影响电动汽车是否能够普及应用。BMS 在安全方面主要侧重于对电池的保护，以及防止高电压和高电流的泄漏，其所必备的功能有：过电压和过电流控制、过放电控制、防止温度过高、在发生碰撞的情况下关闭电池。这些功能可以与电气控制、热管理系统相结合来完成。许多系统都专门增加电池保护电路和电池保护芯片。例如 BMS 智能电池模块的电路设计还具有单体电池断接功能。安全管理系统最重要的是及时准确地掌握电池各项状态信息，在异常状态出现时及时发出报警信号或断开电路，防止意外事故发生。

3. 电池箱热管理系统

汽车上使用的动力电池组在工作时都会有发热现象，不同的蓄电池的发热程度各不相同，有的蓄电池在夏季采用自然通风即可满足电池组的散热要求，但有的蓄电池则必须采取强制通风来进行冷却，才能保证电池组正常工作并延长蓄电池的寿命。

蓄电池工作时会产生较高的温度，理想状态下可以充分利用其产生的热量用于取暖和风窗玻璃除霜等，使热量得到管理与应用，但实际汽车结构设计决定了很难利用这部分热能或不经济。

另外，北方冬季有的蓄电池需要加保温电池箱，并设计恒温控制系统。电池组装在一个系统中，各个蓄电池的温度应保持一致或相接近。

根据动力电池组在电动汽车辆上的布置，动力电池组的温度管理系统中，首先应合理安排动力电池组的支架，要求便于动力电池组或其分组能够便于安装，能够实现机械化装卸，便于各种电线束的连接。在动力电池组的支架位置和形状确定后设计通风管道、风扇、动力电池组 ECU 和温度传感器等。

电池在不同的温度下会有不同的工作性能，如铅酸蓄电池、锂离子电池和镍氢电池的最佳工作温度为 25~40℃。温度的变化会使电池的 SOC、开路电压、内阻和可用能量发生变化，甚至会影响到电池的使用寿命。温度的差异也是引起电池不均衡的原因之一。

热管理系统的主要任务是使电池工作在适当的温度范围内，降低各个电池模块之间的温度差异。

使用车载空调器可以实现对电池温度的控制，这也是电动汽车常用的温度控制方法，例如利用空调制冷剂通入蓄电池的散热器内部散热。

4. 电池组均衡方法

针对纯电动汽车，电池组也称电池包（PACK），有别于单体电池，在我国目前的锂电池制造水平下，单体之间的性能差异在其整个生命周期里不可避免地会存在，组合成多节串联电池组后如不采取技术措施，单体电池在充放电过程中的不一致会导致单体电池由于过充、过放而提前失效，要想避免单体电池由于过充、过放导致提前失效，使PACK的性能指标达到或者接近单体电池的水平，必须对电池组中单体电池进行均衡控制，电池组均衡的使命是将多节串联后的电池组内部各电池单体充放电性能恶化减到最小或使其消失。

避免电池组内部各电池单体放电时产生性能恶化，采用简单的控制电路就可做到，但充电时避免电池组内部各电池单体产生性能恶化，却有较大难度，这使充电均衡成为PACK均衡的一个主要问题。

多节动力电池组的均衡控制有三种：分别是单体充电均衡、充放电联合均衡和动态均衡。

1）充电均衡

对电压低的单体电池进行充电以达到平衡，一个容量及放电功率平衡设计良好的系统中，只要充电均衡控制到位，最差单体电池的性能也能达到出厂指标。

2）充放电联合均衡

如果充电均衡控制不能到位，充放电联合均衡就变得非常重要，在这一情况下，总均衡量是充放电均衡量相加的和，但这种方式对电池非常不利，因为充电时仍有可能出现过充。

放电均衡是使电池包放电时，其放出能量为所有电池能量的平均和。放电均衡决不能解决单体锂电组合成电池包后性能恶化的主要问题。

事实上无需放电均衡，此时的充电均衡控制到位指每次充电均衡控制，都可使最差单体电池的电压回复到充满即可，这一均衡方式下的电池包的各项性能由最差单体电池的性能决定，最差单体电池的性能如果达到出厂指标，电池包各项性能就能达到设计指标。

3）动态均衡

动态均衡是在锂电池的使用和闲置全程中进行的充放电均衡。它可以通过延长均衡的时间来掩盖充放电均衡量不够所产生的问题。在动态均衡下，因为电池每时每刻都在细微均衡，故在充电和放电时所需要的均衡量大幅下降。

5. 电池均衡技术

为了消除电池不一致带来的严重影响，在电池使用中，人们提出了对电池进行均衡的要求。为此，近十几年来，许多电池管理系统（BMS）的研发者采用了各种各样的方法来进行电池的均衡。归纳起来有以下3种方法：

（1）分流法（旁路法）

充电时，当某一电池的充电电压超过设定值时，通过并联在该电池的电阻分流该电池的一部分电流，从而达到降低该电池充电电压的目的。这种方案，结构复杂，体积大，分流时发热量大，通用性差。此种分流方法，未必非要在电池过压后才开始分流，可以在电压比平均电压高时就开始分流平衡。

（2）切断法

在充电时，当某一电池的充电电压超过设定值时，通过自动控制开关切断该电池的电路，同时闭合旁路开关，电流绕过这块电池，继续向下一块电池充电。切断法开关个数是电池数量的2倍。切断法需要充电器配合，要求充电器能动态地适应1个电芯到全部电芯充电的能力，且在切换电池后要能够动态的调整充电电压、充电电流，实现恒流、恒压充电以及浮充等，对充电机的要求比较高。

（3）并联法

并联法是把电池按先并后串的连接方式使用。这也是一些电池生产厂家和电池的使用者企图利用一些小容量电池组成大容量、高电压电池组所采用的方法。电池并联后，无法测量各单体电池的电压，因而就无法实施对电池组中各单体电池的监控。可见，用并联法是无法实现电池组电池的均衡效果的。

6. 电池管理系统的故障诊断

故障诊断功能是 BMS 的重要组成部分，故障诊断可以在动力电池组工作过程中，实时掌握电池的各种状态，甚至在停机状态下也能诊断动力电池系统的各个部分（包括电池模块）。

故障级别分为：一般故障、警告故障和严重故障。

BMS 根据故障的级别将电池状态归纳成尽快维修、立即维修和电池寿命警告等三类信息传递到仪表板以警示驾驶人，从而保护电池不被过分使用。

（1）起动过程的 BMS 硬件故障诊断

1）传感器信号的合理性诊断。

2）电池组电压信号合理性诊断。

3）起动过程电流信号的合理性诊断。

4）起动过程温度信号的合理性诊断。

（2）行车过程的 BMS 诊断

1）对电压、电流和温度传感器进行诊断。

2）电池组电压一致性故障诊断。

3）电池组充电过程的过电流、过充、充电电压变化率过大的故障诊断。

4）电池组放电过程的过电流、过放、放电电压变化率过大的故障诊断。

5）通信系统故障诊断。

6）鼓风机故障诊断。

7）高压电控制故障诊断。

（3）故障诊断的处理

1）将故障级别分三种不同级别进行，分别第一级报警、第二级故障、第三级危险。

2）将故障级别通过 CAN 总线送至仪表和汽车管理系统。

3）将故障诊断结果参与电池实际工作电流的控制。

4）若出现故障的第二级别或第三级别时，应进行高压上下电控制。

复习题

1. 简要写出储能装置的性能指标。

_____

_____

_____

2. 简要写出锂离子电池的性能。

_____

_____

_____

3. 简要写出镍氢电池的性能。

_____

_____

_____

4. 简要写出飞轮电池的性能。

_____

_____

_____

5. 简要写出超级电容的性能。

_____

_____

_____

项目七
电动汽车充电

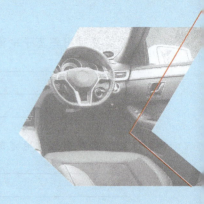

➡ 情境引入

小林的父亲正在给吉利 EV450 纯电动汽车充电，想听你介绍一下这款车的充电知识。

➡ 学习目标

简要说出车载充电机的功率系列。

简要说出充电操作过程。

简要说出直流充电过程。

单元一　电动汽车充电方式

一　常规充电方式

该充电方式采用恒压、恒流的传统充电方式对电动汽车进行充电。以相当低的充电电流为蓄电池充电，电流大小约为15A，若以120A·h的蓄电池为例，充电时间要持续8h以上。相应的充电器的工作和安装成本相对比较低。电动汽车家用充电设施（车载充电机）和小型充电站多采用这种充电方式。车载充电机是纯电动轿车的一种最基本的充电设备。电机作为标准配置固定在车上或放在行李舱里。由于只需将车载充电器的插头插到停车场或家中的电源插座上即可进行充电，因此充电过程一般由客户自己独立完成。直接从低压照明电路取电，电功率较小，由220V/16A规格的标准电网电源供电。在SOC达到95%以上典型的充电时间为8~10h。这种充电方式对电网没有特殊要求，只要能够满足照明要求的供电质量就能够使用。由于在家中充电通常是晚上或者是在电低谷期，有利于电能的有效利用，因此电力部门一般会给予电动汽车用户一些优惠，例如电低谷期充电打折。

小型充电站是电动汽车的一种最重要的充电方式，充电机通常在街边、超市、办公楼、停车场等处，采用常规充电电流充电。

电动汽车驾驶人只需将车停靠在充电站指定的位置上，接上电线即可开始充电。计费方式是投币或刷卡，充电功率一般在 5~10kW，采用三相四线制 380V 供电或单相 220V 供电。其典型的充电时间是：补电 1~2h，充满 5~8h（SOC 达到 95%）。

二 快速充电方式

快速充电方式是指在短时间内使蓄电池达到或接近充满状态的一种方法。该充电方式以 1~3C 的大充电电流在短时间内为蓄电池充电。充电功率很大，能达到上百千瓦。该充电方式以 150~400A 的高充电电流在短时间内为蓄电池充电，与前者相比安装成本相对较高。快速充电也可称为迅速充电或应急充电，其目的是在短时间内给电动汽车充满电，充电时间应该与燃油汽车的加油时间接近。大型充电站（机）多采用这种充电方式。

电动汽车充电设备主要包括充电站及其附属设施，如充电机、充电站监护系统、充电桩、配电室以及安全防护设施等，图 7-1 所示为充电站控制示意图。

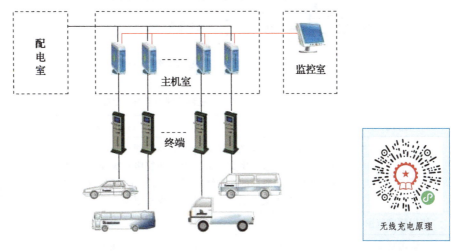

图 7-1 充电站控制示意图

大型充电站（机）的快速充电方式主要针对长距离旅行或需要进行快速补充电能的情况进行充电，充电机功率很大，一般都大于 30kW，采用三相四线制 380V 供电。其典型的充电时间是：10~30min。这种充电方式对电池寿命有一定的影响，特别是普通蓄电池不能进行快速充电，因为在短时间内接受大量的电量会导致蓄电池过热，对于锂离子电池可能发生着火或爆炸。

快速充电站只能采用非车载快速充电组件，也称直流充电桩，它能够输出 35kW 甚至更高的功率。由于功率和电流的额定值都很高，因此这种充电方式对电网有较高的要求，一般应靠近 10kW 变电站附近或在监测站和服务中心中使用。此外，该充电方式对附近的电网产生一定的谐波污染，还需采取较为复杂的谐波抑制措施，与慢充的交流充电桩相比安装成本相对较高，只适合大型充电站使用。

三 无线充电方式

无线充电方式包括电磁感应式（图 7-2）、磁场共振式、微波式三种。三种充电方式对比见表 7-1。电动汽车非接触充电方式的研究目前主要集中在感应式充电方式，不需要接触即可实现充电，目前，日产和三菱都有相关产品推出，其原理是采用了可在供电绕组和受电绕组之间提供电力的电磁感应方式，即将一个受电绕组装置安装在汽车的底盘上，将另一个供电绕组装置安装在地面，当电动汽车驶到供电绕组装置上，受电绕组即可接受供电绕组的电流，从而对电池进行充电。目前，这套装置完成充电的成本较高，还处于实验室研发阶段，其功能还有待时间验证。此外，非接触式充电方式的原理还包括磁共振和微波等。

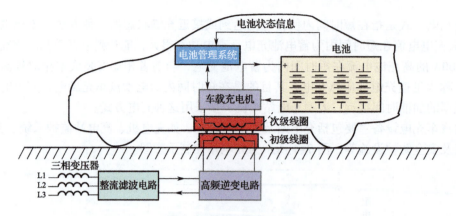

图 7-2　感应式充电示意图

表 7-1　三种无线充电方式比较

方式	电磁感应式	磁场共振式	微波式
充电原理	向地面下的初级绕组提供交流电流，绕组产生交变磁场，感应在车底部的次级绕组，次级产生交流电	基本原理与电磁感应相同，只是初级绕组和次级绕组使用同一共振周波，可将阻抗控制在最低，增大发送距离	充电部分和接收部分均采用 2.45GHz 的微波
使用频率范围	22kHz	13.56MHz	2.45GHz
输出功率	30kW	1kW	1kW
传送距离	100mm	400mm	1000mm
充电效率	92%	95%	38%
日本研制企业	昭和飞行机工业	长野日本无线	三菱重工业

电动汽车无线充电方式是近几年国外的研究成果，其原理就像在车里使用的移动电话，将电能转换成一种符合现行技术标准要求的特殊的激光或微波束，在汽车顶上安装一个专用天线接收即可。有了无线充电技术，公路上行驶的电动汽车或双能源汽车可通过安装在电线杆或其他高层建筑上的发射器快速补充电能。电费将从汽车上安装的预付卡中扣除。

沃尔沃 C30 电动汽车进行感应式充电。电动汽车充电不再需要电源插座或充电电缆，利用感应充电法，电能通过埋在路面内的充电板无线传送给汽车的蓄电池，实现从路面直接给汽车充电。这一技术将极大地降低充电时间，以沃尔沃 C30 电动汽车为例，在蓄电池完全放电的情况下，给 24kW·h 大小的蓄电池组完全充电，预计仅用 80min。

微波式充电也叫移动式充电。对电动汽车蓄电池而言，最理想的情况是汽车在路上巡航时充电，即移动式充电（MAC）。这样，电动汽车用户就没有必要去寻找充电站、停放车辆并花费时间去充电了。MAC 系统埋设在一段路面之下，即充电区，不需要额外的空间。

接触式和感应式 MAC 系统都可实施。对触式的 MAC 系统而言，需要在车体的底部装一个接触拱，通过与嵌在路面上的充电元件相接触，接触拱便可获得瞬时高电流。当电动汽车以巡航通过 MAC 池组的方式充电，其充电过程为脉冲充电。对于感应式的 MAC 系统，车载式接触拱由感应线圈所取代，嵌在路面上的充电元件由可产生强磁场的高电流绕组所取代。很明显，由于机械损耗和接触拱的安装位置等因素的影响，接触式的 MAC 对人们的吸引力不大。

电磁感应式非接触充电系统存在以下三方面的问题：送电距离比较短，如果两个绕组的横向偏差较大传输效率就会明显下降。目前来看只能实现传输距离为10cm左右，而底盘的距离明显与这个距离有着非常大的差距，因此这是一个很大的问题。需要考虑很多的散热问题，比如绕组之间的发热。还有一个问题就是耦合的辐射问题，电磁波的耦合会不会存在大的磁场泄漏。电磁感应在绕组之间传输电力，如同我们的磁铁一样，在外圈有一定的泄漏，人如何避免受影响是个很大问题。绕组之间也是有可能有杂物进入的，还有某些动物（猫狗）进入里面，一旦产生电涡流，就如同电磁炉一样，安全性问题非常明显。一般来说，利用电磁感应原理的无线供电技术最具现实性，并且现在电动汽车上有实际应用。

磁场共振式供电，目前技术上的难点是，小型、高效率化比较难。现在的技术能力大约是直径0.5m的线圈，能在1m左右的距离提供60W的电力。磁场共振方式，则是现在最被看好、被认为是将来最有希望广泛应用于电动汽车的一种方式。

电磁波送电方式，现在则提出了利用这种技术的"太空太阳能发电技术"。这种技术能应用的话，可以从根本上解决电力问题。无线供电，使得电动汽车可以提供这么一种可能：一辆电动汽车从出厂到它报废为止，终生不用你去理会电力补充问题。电动汽车，在太阳能电池技术、无线供电技术以及自动驾驶技术的支持下，完全可以颠覆现在的交通概念。若干年以后，在高速公路上，汽车在自动行驶，而汽车、计算机、手机需要的所有电力都来自从路面下铺装的供电系统或者来自汽车上的接收装置接收的电磁波。随着电动汽车的发展，无线充电技术必定有着广阔的利用空间。

综上所述，电动汽车的充电还是采用普通充电为主、快速补充充电为辅的充电方式。对于电动公交车而言，充电站设在公交车总站内。在晚间下班后利用低谷充电，时间5~6h。全天运行的车辆，续驶里程不够时，可利用中间休息待班时间进行补充充电。充电器的数量和容量根据车队的规模而定，充电站由车队管理。1C~3C的快速充电模式，已经在探讨应用，但应确保在电池的安全和使用寿命的前提下进行。

四　V to X 充电技术

1. V2G 和 V2H

V2G 和 V2H 都是在电动汽车辆的蓄电池和电力网之间交换电力。不过根据使用交流电的对象分为 V2G 和 V2H 两种。

V2G（Vehicle-to-Grid）功能是在电动汽车辆的蓄电池和电力网之间交换电力。通常被这样使用，即当出现地震等自然灾害时，电动汽车开到医院或灾区现场利用车载的蓄电池为其场地的动力机械设备供电，通常可实现交流单相输出，当然成本允许也可以实现三相输出。

V2H（Vehicle-to-Home）主要为家庭充电提供便捷实用的服务。由于大部分车辆95%的时间是处于停驶状态，车载电池可以作为一个分布式储能单元。这种双向电力融合，一方面可以提高电网的运行效率；另一方面，用户也可以借助峰谷电价从中获益。

一台家用电动轿车采用 V2G/V2H 模式，在一般家庭正常使用情况下，每月的电费非但不用支出，甚至还可以得到盈余，所以 V2G/V2H 模式被称为推广 PHEV 和 EV 最好的助推剂。

2. V2V

V2V（Vehicle-to-Vehicle）描述了这样的一个系统：当有一台电动汽车出现没电无法运行时，

有电的电动汽车可以开过来通过充电口对接线为没电的电动汽车充电，从而恢复行驶能力。

3. V2I

V2I（Vehicle-to-Infrastructure）是车辆与基础设施相互间能通信。

V2I 设备是协作式智能交通系统（Cooperative Intelligent Transportation System，C-ITS）的一部分，该系统可以实现车辆和路边基础设施（如交通信号灯）之间共享信息，对于驾驶员所获得的其他车辆和道路使用者等周边状况，其可以确保上述信息的质量和可靠性得到进一步提升。还能迅速将限速、路面结冰警告或其他危险警告、交通拥堵、道路施工警示等信息传送至过往车辆和交通管理中心，整个过程安全可靠。

V2I 技术的成功采用将有利于减少交通拥堵、交通事故等情况的发生，同时也使得与汽车相关的环境污染风险大大降低。

单元二　电动汽车传导式充电接口

一　充电接口形式

电动汽车传导式充电接口国家标准适用于交流额定电压最大值为 380V 和直流额定电压最大值为 600V 的电动汽车用传导式充电接口。

国家标准规定了两种充电接口：一种是将交流供电电网连接到车载充电机上进行充电的"交流充电"接口；另一种是利用非车载充电机（充电桩）对电动汽车进行"直流充电"的接口。充电插头的电动汽车国家标准对插头和充电接口的材质、接触电阻、工作时额定电流、额定电压、插拔力、电气性能、防水等级、断开状态、充电状态、防松设置、及时断开等都做了规定。

二　充电模式和插头颜色

电动汽车充电模式有充电模式 1、充电模式 2、充电模式 3 三种，其中模式 1 和 2 使用的电源为交流，模式 3 使用的电源为直流。

1. 充电模式 1

使用车载充电机对电动汽车进行充电时，充电电缆通过符合 GB 2099.1 要求的额定电流为 16A 的插头插座与交流电网进行连接。其额定电压和额定电流应符合要求，单相 220V 交流、电流 16A，作为家用使用 GB 2099.1 中额定电流为 16A 的标准插座连接交流电网。交流充电接口端子连接方式为 L1（火线）+N（零线）+PE（接地）+CP（充电控制信息）+CC（充电枪连接确认）。

2. 充电模式 2

充电模式 2 包括三种模式，使用特定的供电设备为电动汽车提供交流电源。根据额定电压和额定电流的不同等级将充电模式具体分为：

模式 2.1：采用单相 220V 交流、电流 32A、交流充电接口端子连接方式为 L1+N+PE+CP+CC。

模式 2.2：三相 380V 交流、电流 32A、交流充电接口端子连接方式为 L1+L2+L3+N+PE+CP+CC。

模式 2.3：三相 380V 交流、电流为 63A、交流充电接口端子连接方式为 L1+L2+L3+N+PE+CP+CC。

充电模式 2 作为商场、停车场等通过特定的供电设备为电动汽车提供交流电源。

3. 充电模式 3

使用非车载充电机对电动汽车进行直流充电，其额定电压 600V DC、额定电流 300A、作为高速公路服务区、充电站等，通过非车载充电机对电动汽车进行直流充电，交流充电接口端子连接方式为 L1+L2+L3+N+PE+CP+CC。

在充电插头的明显区域（如：锁紧装置的控制按钮表面）应有不同颜色来表示不同的充电模式。

蓝色：充电模式 1；黄色：充电模式 2-1；橙色：充电模式 2-2；红色：充电模式 2-3；红色：充电模式 3。

在供电装置一侧必须安装漏电流保护装置；建议在供电装置一侧安装手动或自动断路器。出于安全的考虑，在充电接口连接过程中，首先连接保护接地端子，最后连接控制确认端子。在脱开的过程中，首先断开控制确认端子，最后断开保护接地端子。

三　符号标志

充电的电源、充电接口、充电模式等在应用中通常要采用符号表示，符号标志的含义见表 7-2。

表 7-2　符号标志的含义

符号	含义
Hz	赫 [兹]
~ 或 AC	交流电
--- 或 DC	直流电
L1、L2、L3	交流电源
N	中线
⏚ 或 ⏚ 或 PE	保护接地
DC+	直流电源正或电池正极
DC-	直流电源负或电池负极
CP	控制确认 1
CC	控制确认 2
S+	充电通信 CAN-H
S-	充电通信 CAN-L
▽	充电通信 CAN 屏蔽
A+	低压辅助电源正（如：12/24V+）
A-	低压辅助电源负（如：12/24V-）
IP XX(有关数字)	IP 代码（GB 4208 规定的防护等级）
CM31	充电模式 3-1
CM32	充电模式 3-2

四 交流充电接口

交流充电接口包含 7 个端子，交流充电接口插头和插座的端子布置方式如图 7-3 所示。

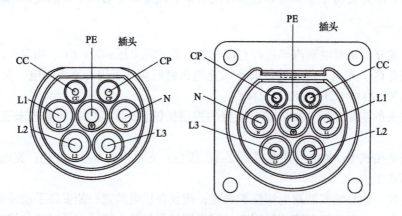

图 7-3   交流充电接口插头和插座端子布置图

交流充电接口端子功能定义：L1、L2、L3 为三相交流电、N 为中线、PE 为设备地、CP 充电状态控制、CC 充电枪连接确认共 7 个端子。

交流充电接口界面示意图如图 7-4 所示。

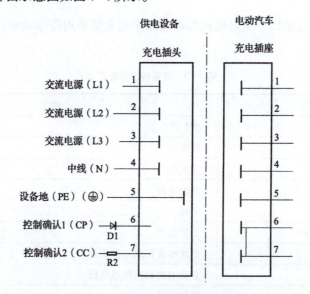

图 7-4   交流充电接口界面示意图

▶注：其中充电机的充电插头控制确认 1 点 6 脚（CP）内置二极管是检测点，控制确认 2 点 7 脚 CC 有 1 个电阻。汽车充电插座中 6 脚和 7 脚内部相通，同时应注意插头内芯子长短的不同，设备地最长。

五 直流充电接口功能

1. CM31（充电模式 3-1）

CM31（充电模式 3-1）直流充电接口包含 8 个端子，各个端子的布置方式如图 7-5 所示。直流充电接口端子功能定义见表 7-3。

表 7-3　CM31（充电模式 3-1）直流充电接口

触点编号 / 功能	功能定义
1—直流电源正（DC+）	连接直流电源正与电池正极
2—直流电源负（DC−）	连接直流电源正与电池负极
3—保护接地（PE）	在供电设备地线和车辆底盘地线之间设置的触点。在充电接口连接和断开时，该触点相对于其他触点首先完成连接并最后完成断开
4—充电通信 CAN-H（S+）	非车载充电机与电动汽车相关控制系统进行通信
5—充电通信 CAN-L（S−）	非车载充电机与电动汽车相关控制系统进行通信
6—CAN 屏蔽	CAN 通信用屏
7—低压辅助电源（A+）	非车载充电机为电动汽车提供低压辅助电源正
8—低压辅助电源（A−）	非车载充电机为电动汽车提供低压辅助电源负

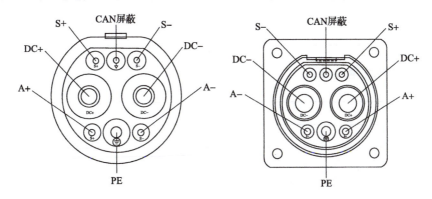

图 7-5　CM31 直流接口充电插头和充电插座布置图

CM31 直流接口充电插头和充电插座界面示意图如图 7-6 所示。

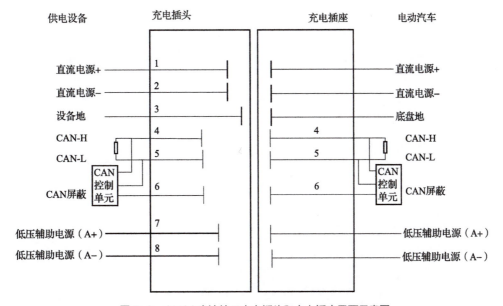

图 7-6　CM31 直流接口充电插头和充电插座界面示意图

2. CM32（充电模式 3-2）

CM32（充电模式 3-2）直流充电接口也包含 8 个端子，各个端子的布置方式和接口端子功能定义与 CM31 相同，不再叙述。

复习题

1. 简要写出车载充电机的功率系列。

_____

_____

_____

2. 简要写出充电操作过程。

_____

_____

_____

3. 简要写出直流充电过程。

_____

_____

_____

项目八
电动汽车电机及控制

情境引入

小林对交流异步电机与永磁同步电机不是很了解，可购车的同学总问他有什么区别，他该如何回答。

学习目标

简要说出汽车电机与工业电机的性能要求有何不同。
简要说出交流异步电机结构和特点。
简要说出永磁同步电机结构和特点。

单元一　　电动汽车电机

一　电动汽车永磁电机

电动汽车电机中，永磁无刷电机因其效率高（95%以上），大于感应电机，是高、中、低档电动轿车中优先采用的电机。

1. 永磁无刷电机优点

1）电机转子由高磁能永磁材料产生，对于给定的输出功率，它的质量和体积能够大大减小，使得功率密度提高。

2）转子为永磁体，铁损小于感应电机的转子，其效率远高于感应电机。

3）电机发热主要集中在定子上，易于采取散热措施。

4）永磁体没有其他励磁制造缺陷、过热或机械损坏的限制，因而可靠性较高。

汽车永磁电机按有无换向电刷可分为两类：有刷永磁直流电机和无刷永磁直流电机两种。根据输入电机接线端的交流波形，永磁无刷电机可分为永磁同步电机（正弦波）和永磁无刷直流电机（矩形波）。正弦波产生的转矩基本是恒转矩，这与绕线转子同步电机相同。输入的是交流方波，采用离散转子位置反馈信号控制换向。由于方波磁场与方波电流之间相互作用而产生的转矩比正弦波大，所以永磁无刷直流电机的功率密度大，但是由功率器件的换向电流引起的转矩脉动也大。

永磁直流无刷电机是从直流有刷电机改进来的，只有理解了有刷电机，才能正确理解无刷电机。

2. 直流有刷电机模型

直流有刷电机工作原理如图 8-1 所示。若在 *A*、*B* 之间外加一个直流电源，*A* 接电源正极，*B* 接负极，则线圈中有电流流过。当线圈处于图 8-1a 所示位置时，有效边 *ab* 在 N 极下，*cd* 在 S 极上，两边中的电流方向为 $a \to b$，$c \to d$。由安培定律可知，*ab* 边和 *cd* 边所受的电磁力为：$F = BLI$。式中 *I* 为导线中的电流，单位为安（A）。根据左手定则知，两个 *F* 的方向相反，形成的电磁转矩驱使线圈逆时针方向旋转。当线圈转过 180° 时，*cd* 边处于 N 极下，*ab* 边处于 S 极上，如图 8-1b 所示。由于换向器的作用，使两有效边中电流的方向与原来相反，变为 $d \to c$、$b \to a$。这就使得两磁极对应的有效边电流的方向保持不变，因受力方向和电磁转矩方向都不变，电机转子得以顺利转动。但 *abcd* 中线圈的电流方向是变化的，电流是矢量，所以通过 *abcd* 线圈的是交变电流。

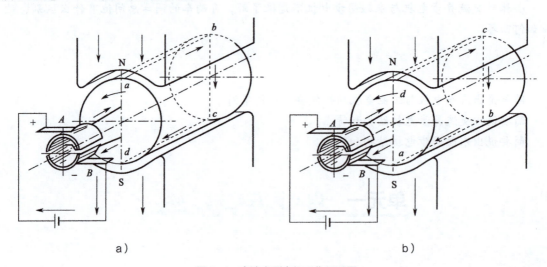

a)   b)

图 8-1　直流有刷电机工作原理图

由于换向器和电刷的存在，换向时由于换流容量过大，会烧毁换向器和电刷，严重时出现换向器上出现环火，有刷电机功率一般在 10kW 以内，换向器引起转矩波动，并限制了电机的转速，而电刷带来摩擦与射频干扰（RFI）。而且，由于磨损和断裂，换向器和电刷需定期维护。这些缺点使其可靠性低且不适合于免维护工作，从而限制了它们在电动汽车驱动领域的广泛应用。

3. 永磁直流电机

对于电动汽车功率需要从几十千瓦到几百千瓦，只能采用电力电子换向的永磁直流无刷电机或永磁直流同步无刷电机（图 8-2 和图 8-3 分别为永磁同步电机定子、转子实物），由于同步无刷转矩输出更平稳，轿车使用同步无刷电机。

直流电机之所以称为直流电机是因为电源是直流电，交流电机之所以称为交流电机是因为电源是交流电，无论是直流电机还是交流电机线圈内部电流方向都是变化的。可见有刷电机工作的条件是，线圈能在换向点处把电流换向，电机就能顺利转动下去。现在把电机转子采用永磁体，定子线圈采用电子换向，在转子上增加位置传感器，电机变频器根据转子位置，通过控制开关管的导通与截止，实现对线圈电子换向，这个传感器通常称为电机解角传感器。

图 8-2　永磁同步电机转子实物

图 8-3　永磁同步电机定子实物

4. 三相永磁无刷电机

（1）原始三相电机基本结构

如图 8-4 和图 8-5 所示，三相永磁无刷电机是在最简单的电机基础上定子和转子同步加倍做成的，这就相当于多缸发动机是在单缸发动机的基础上罗列出来的。这里极数 $2P$ 相当于活塞个数，而一个活塞的配气机构是 3 个定子磁极。

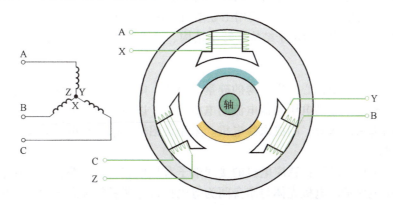

图 8-4　三相永磁无刷电机（槽数 $Z = 3$，极数 $2P = 2$）

（2）加倍降波动

为了降低电机转子的转矩波动，通常要将定子极数和转子磁极数加倍（图 8-5），在两倍（相当于两缸发动机）原始电机 A 相中，A_1X_1 和 A_2X_2 是串在一起构成 A 相，通电时会同时产生磁通。

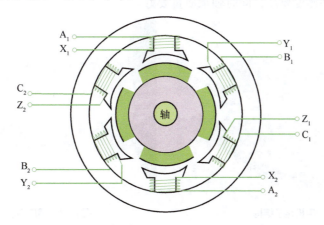

图 8-5　定子极数和转子磁极数数量加倍，相当于 2 缸发动机（槽数 $Z = 6$，极数 $2P = 4$）

二 电动汽车感应电机

汽车变频感应电机因其效率低（一般工频效率在75%~80%）、体积大，重量高的缺点一般只应用在电动货车或客车上，这句话不能倒过来理解。其实感应电机的优点也是有的，比如低的成本价格和高的可靠性，通过合理地变频控制效率。

1. 交流感应电机种类

交流感应电机有两种类型，绕线转子式电机和鼠笼式电机。

由于绕线式感应电机成本高、需要维护、缺乏坚固性，因而没有鼠笼感应电机应用广泛，或者说是在电动汽车的电力驱动中根本无法应用。

鼠笼感应电机简称为感应电机。感应电机驱动除了具有无换向器电机驱动的共同优点外，还具有成本低、坚固等优点。这些优点超过了其控制复杂的缺点，推动了感应电机在电动汽车驱动中的广泛应用。

2. 感应电机的结构

用于电动汽车的感应电机在原理上与工业中用的变频感应电机结构基本相同。然而，这种电机结构需要专门设计，不能直接使用工业电机应用于电动汽车。

交流感应电机的结构分为定子结构、转子结构、接线端子结构三部分，有的还加入风扇。

（1）定子结构

如图8-6所示，定子铁心采用更薄的硅钢片叠成，电机定子线圈的绝缘等级要高，电机的电压等级需合理地采用高电压和低电流的电机设计，以减少功率逆变器的成本和体积。铸铝或铸铁机壳内部采用水套，制成水冷电机。采用铸铝机座来减小电机总质量，定子壳体密封要好，防止进水。

感应电机定子接线端子：感应电机的接线端子有星形和三角形两种，接线盒内无传统工业电机的壳体接地保护。电机壳体与车身间为等电位，即两者的金属导通，电机定子线圈和车身间采用绝缘检测。一旦三相定子和壳体间漏电，仪表绝缘报警，同时电池上电继电器断开。电动汽车感应电机作为电动汽车电机时，接线端子仅有U、V、W三个，不会有保护地线。

（2）转子结构

转子铁心也由薄硅钢片（图8-7）叠加而成，以减少铁损；由于电机转速较工业电机高，所以要求转子的动平衡度要高，同时轴承质量要好。

图8-6　电机定子结构

图8-7　感应电机转子结构

电动汽车电机在爬坡时要求低转速高转矩，巡航时要求高转速低转矩，车辆超车时，要求具有瞬时超负载能力。

单元二　电机变频控制

一 电动汽车电机种类及性能要求

电机从电源的幅值和频率是否受变化分为驱动电机和控制电机两种。

1. 驱动电机

驱动电机是电源的特征（幅值和频率）不发生变化的电机，工作机械特性只取决于负载阻力的大小。

例如：电机的端电压 $u=A\sin(\omega t+\varphi)$，在我国有三相电机和单相电机两种，我国工频电为 50Hz，$\omega=100\pi$，线电压为 380V，相电压为 220V。由于电压幅值 A 不变，工频的角频率 ω 不变，初始角 φ 不确定，整个电机的机械特性（转速和转矩）取决于电机的负载大小，这就是驱动电机。

2. 控制电机

控制电机的电源一定是直流电，经变频器控制后输出幅值和频率发生变化的电机，工作机械特性不仅取决于负载阻力的大小，也取决于控制输出。

控制电机的端电压仍为 $u=A\sin(\omega t+\varphi)$，电动汽车为三相电机，电机端电压随以下参数变化而变化。

1）电压幅值 A：幅值 A 是变值。

2）角频率 ω：ω 也可以从 0 赫兹调节到几百赫兹。

3）初始角 φ：φ 为确定值。

整个电机的机械特性取决于电机控制目标的大小，这就是控制电机。

编者认为，典型汽车上的控制电机应用有三处：电动汽车或传统汽车采用的电动转向电机、电动汽车驱动电机和空调驱动电机。

3. 电动汽车对电机要求

用于电动汽车的驱动电机与常规的工业驱动电机不同。电动汽车的驱动电机通常要求频繁的起动/停车、加速/减速，低速或爬坡时要求高转矩，高速行驶时要求低转矩，并要求变速范围大。而工业电机通常优化在额定的工作点。

因此，电动汽车驱动电机比较独特，应单独归为一类。要求它们在负载要求、技术性能和工作环境等方面有着特殊的要求：

1）电动汽车驱动电机需要有 4~5 倍的过载，以满足短时加速或爬坡的要求。而工业电机只要求有 2 倍的过载就可以了。

2）电动汽车的最高转速要求达到在公路上巡航时基本速度的 4~5 倍，而工业电机只需要达到恒定功率是基本速度的 2 倍即可。

3）电动汽车驱动电机需要根据车型和驾驶人的驾驶习惯设计，而工业电机只需根据典型的工作模式设计。

4）电动汽车驱动电机要求有高功率密度（一般要求达到 1kg/kW 以内）和好的效率图（在较宽的转速范围和转矩范围内都有较高的效率），从而能够降低车重，延长续驶里程。而工业电机通常对功率密度、效率和成本进行综合考虑，在额定工作点附近对效率进行优化。

5）电动汽车驱动电机要求工作可控性高、稳态精度高、动态性能好。而工业电机只有某一种特定的性能要求。

6）电动汽车驱动电机被装在机动车上，空间小，工作在高温、坏天气及频繁振动等恶劣环境下。而工业电机通常在某一个固定位置工作。

二 三相逆变过程

电机的转矩控制本质是两个要素的控制，第一是什么时间控制开关管导通；第二是开关管导通持续的时间（电角度）是多少。

1. 变频器的三相逆变桥

小功率低速电动汽车电机变频器的控制原理图如图 8-8a 所示，V_1 至 V_6 这 6 个电力场效应管（MOSFET）组成变频器的三相逆变桥。变频器内的电机控制器上的电机微控制芯片（MCU）接收电机解角传感器信号，此处采用 H_A、H_B 和 H_C 三个霍尔传感器信号进行解角。解角信号经微控制芯片（MCU）处理后，电机微控制芯片（MCU）输出 6 路脉冲波（PWM 波），脉冲波经光电隔离电路和反相驱动电路后接入 6 个电力 MOSFET 管的控制栅极（G），三相逆变桥实现将直流电逆变为三相交流电给电机。

当汽车采用大功率汽车电机时（见图 8-8b），6 个电力场效应管（MOSFET）替换为 6

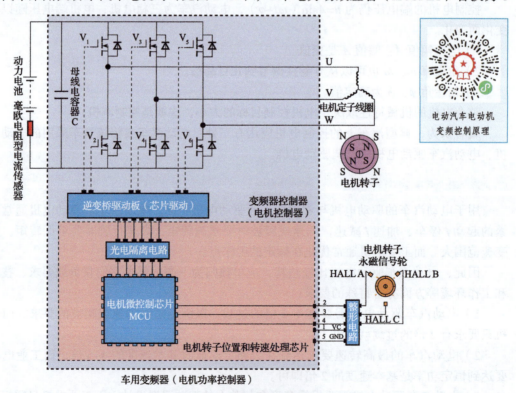

a）低速电动汽车变频器控制原理图

图 8-8　电动汽车电动机变频控制原理图

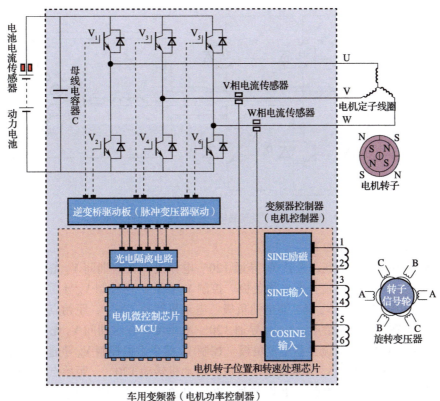

b）高速电动汽车变频器控制原理图

图8-8　电动汽车电动机变频控制原理图（续）

个集成栅极的双极型晶体管（IGBT）。电机解角传感器采用旋转变压器来监测转子位置和转速，旋转变压器的位置监测精度和环境适应性要比霍尔传感器高，但旋转变压器的成本和旋变信号处理芯片成本要比霍尔传感器高得多。

2. 电流导通方式

目前电动汽车无刷直流电动机驱动方式为全桥驱动方式，由 V_1~V_6 六只功率晶体管构成的全桥可以控制三相绕组 U、V、W （有的书写为 A、B、C 三相绕组）的通电状态。按照功率晶体管的通电方式可分为"两两导通（120°导通）"和"三三导通（180°导通）"两种控制方式。

（1）两两导通

在两两导通方式下，每一瞬间有两个功率晶体管导通，每隔 1/6 周期即 60° 电角度换相一次。每次换相一个功率晶体管，每只功率晶体管持续导通 120° 电角度。每个绕组正向通电，反向通电各 120° 电角度。对应每相绕组持续导通 120° 电角度，在此期间对于单相绕组电流方向保持不变。假设流入绕组的电流产生正的转矩，流出绕组的电流产生负的转矩。每隔 60° 电角度换相一次意味着每隔 60° 电角度合成转矩方向转过 60° 电角度，大小保持为 $\sqrt{3}$ 倍的转矩。

"两两导通"要比"三三导通"好理解，为了便于说明以"两两导通"为例，电机转动以 60° 出现一次换流，如图 8-9 所示为电机定子的"两两通电"控制方式。

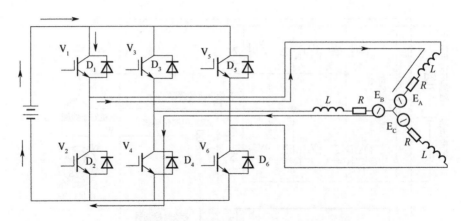

图8-9　电机定子的"两两通电"控制方式（IGBT 管换流）

"两两导通"工作原理如下。

以电机转子在 0° 为始点，先让 V_1 导通 120° 电角度，在这期间 V_4 先导通 60°，电流先经 $V_1 \rightarrow U$ 相→V 相→V_4 流至蓄电池负极。控制 V_4 截止，再控制 V_6 导通 60° 电角度，电流先经 $V_1 \rightarrow U$ 相→W 相→V_6 流至蓄电池负极。电动机转动 120°，距始点为 120°。

以电机转子在 120° 为始点，让 V_3 导通 120° 电角度，在这期间 V_2 先导通 60°，电流先经 $V_3 \rightarrow V$ 相→U 相→V_2 流至蓄电池负极。控制 V_2 截止，再控制 V_6 导通 60° 电角度，电流先经 $V_3 \rightarrow V$ 相→W 相→V_6 流至蓄电池负极。电动机转动 120°，距始点为 240°。

以电机转子在 240° 为始点，让 V_5 导通 120° 电角度，在这期间 V_2 先导通 60°，电流先经 $V_5 \rightarrow W$ 相→U 相→V_2 流至蓄电池负极。控制 V_2 截止，再控制 V_4 导通 60° 电角度，电流先经 $V_5 \rightarrow W$ 相→V 相→V_4 流至蓄电池负极，电动机转动 120°，距始点为 360°，完成一个圆周运动。

只要根据磁极的不同位置，以恰当的顺序导通和阻断各相出线端所连接的可控晶体管，始终保持转子线圈所产生的磁动势领先磁极磁动势一定电角度的位置关系，便可使该电动机产生一定方向的电磁转矩而稳定运行。

另外，通过借助逻辑电路来改变功率晶体管的导通顺序，即可实现电机正反转。

电机的"两两导通"方式和发动机的进、排气门开启有些类似，有些类似于发动机的两气门"一进一排"方式。

（2）三三导通

每一瞬间有三只功率晶体管通电，每 60° 电角度换相一次（图8-10），每只功率晶体

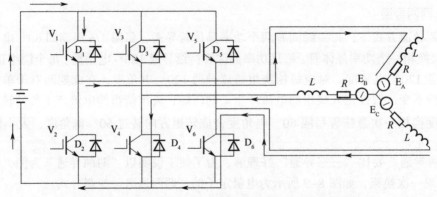

图8-10　电机定子的"两两通电"控制方式（IGBT 管换流）

管通电 180° 电角度。对于三三通电方式，每一瞬间有三只功率晶体管导通，每隔 60° 电角度换相一次，每一功率晶体管通电 180° 电角度。每隔 60° 电角度换相一次意味着每隔 60° 电角度合成转矩方向转过 60° 电角度，合成转矩大小为 1.5 倍的转矩。

3. 定时和定量控制

电机的定子绕组为三相星形联结，位置传感器与电机转子同轴，控制电路对位置信号进行逻辑变换后产生驱动信号，驱动信号经驱动电路放大后控制变频器的功率晶体管，使电机的各相绕组按一定的顺序工作。

（1）三相电流定时控制

三相原始电机转子相当于指南针，N 极 F_d 总是力图指向合成磁场，F_a 的大小以及 F_a 和 F_d 的夹角是控制系统要控制的内容，这就相于发动机喷油量和喷油提前角控制。以图 8-11 所示的无刷直流电机系统来说明无刷直流电机定时控制的作用。

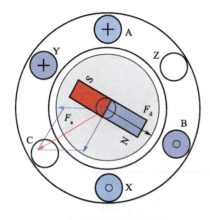
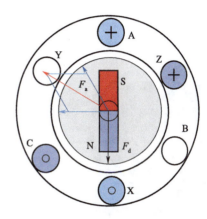

a) AX 和 BY 同时通电　　　　　　　　　　b) AX 和 CZ 同时通电

图 8-11　电机三相电流定时控制作用

（2）三相电流定量控制

在三相定子线圈的两两导通或三三导通方式中，控制 IGBT 的导通角内导通时间接近合导通则定子线圈的电流就大，产生的转矩就大。反之，控制 IGBT 有较小的导通时间则定子线圈的电流就小，产生的转矩就小。

三　电机位置传感器

1. 电机位置传感器的功能

功率晶体管的换相信号需要从电机转子位置传感器的状态得出，换相时刻即相序信号状态改变的时刻，因此电机转子位置和三相绕组相对关系对于电机的正确方向运行非常重要。

2. 电机位置传感器的类型

通常位置和速度类传感器的种类一般有霍尔式、电磁式、光电式、磁敏式、旋转变压器五种。但从抗温度影响、抗污染、抗振动方面，目前旋转变压器式（图 8-12）和霍尔式（图 8-13）有着广泛的应用，特别是旋转变压器式的应用更广泛。

　　电机位置传感器也是电机转子转速传感器，由于表达过于冗长，一般称为电机解角传感器。

a）旋转变压器式电机转子位置传感器

b）电机转子及信号轮

图 8-12　旋转变压器式传感器

a）电机定子及内部的霍尔式传感器

b）电机转子上的多极磁环

图 8-13　霍尔式传感器

3. 磁极定位过程

　　在电机定子端壳上安装转子位置传感器时相对壳体指定安装位置会有偏差。另外，电机转子上的信号轮相对转子安装也可能有偏差。

　　电机静止时的转子停留的位置决定了逆变器第一次应触发哪两个功率晶体管，而在没有位置传感器时判断转子初始位置很复杂。可以先让逆变器任意两相导通，并控制电机电流，通电瞬间后，转子就会转到与该导通状态相对应的一个预知位置，完成转子的定位。

4. 按相序驱动

　　转子定位后，根据变速杆的位置就可知道接下来应触发的逆变器功率器件。

　　当变频器控制 ECU 收到确定的电机转子位置后，根据驾驶人的换档请求 P、R、N、D 分别确定封闭驱动信号、驱动信号按反转相序提供、封闭驱动信号、驱动信号按正转相序提供。

复习题

1. 简要写出汽车电机与工业电机的性能要求有何不同。

_____

_____

_____

2. 简要写出交流异步电机结构和特点。

_____

_____

_____

3. 简要写出永磁同步电机结构和特点。

_____

_____

_____

项目九
电力电子变换

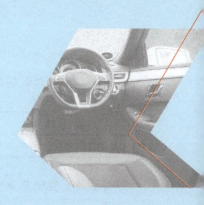

情境引入

电工维修师傅告诉小林，真正的电动汽车维修不是更换几个部件。真正学懂电动汽车要会维修电动汽车的变频器、车载充电机、DC-DC变换器，维修直流充电桩等电力电子部件，而要维修这些部件需要有诊断技术和修理技术及它们的基础汽车电力电子器件的工作原理、检测方法及更换的方法。

学习目标

能说出电力二极管和电子二极管的区别。
能说出电力晶体管和电子晶体管的区别。
能说出电力场效应管和电子场效应管的区别。
能说出IGBT的原理并能进行IGBT损坏的测量。
能说出IPM的原理并能IPM模块损坏的测量。
能通过测量来确定一个电力IGBT的好坏。
能说出变频器中的五个主要元件作用。
能说出电机和变频器的冷却方法。

单元一　汽车电力电子器件认知

电力电子变换是电力专业本科院校用教材，是一门复杂的学科，对于专科学习电动汽车来说，定性掌握电力电子变换中换流开关的结构、符号和应用即可，在讲完原理后，结构也可忽略。

一　电力电子器件种类

电力电子器件是汽车电力电子系统或部件中最基本、最重要的组成部分，是车载电能控制和转换的核心。

常用的电力电子器件有六种，汽车上除电力晶闸管和电力晶体管外，其余四种都大量采用。

● 功率二极管（Power Diode）。

- 电力晶闸管（Silicon Controlled Rectifier，可控硅 SCR）。
- Giant Transistor 电力晶体管（GTR 巨形晶体管）。
- Power— MOSFET 电力场效应晶体管（P–MOSFET）。
- Insulated Gate Bipolar Transistor 绝缘栅极双极型晶体管（IGBT）。
- Intelligent Power Modules 智能功率模块（IPM）。

电力晶体管（GTR 巨形晶体管）已被 IGBT 取代，所以也可以称为四种。

其中应用最广泛的是功率二极管，车上几乎所有电能变换和控制的地方，都能看到它的存在；晶闸管多应用于以电压调节或可控整流为目的的系统或部件；功率 MOSFET 多应用于低电压（如 12~200V）和小功率（如小于 10kW）场合；而高电压（如大于 200V）和大功率（如数十千瓦～数百千瓦）系统或部件，则普遍采用 IGBT 作为主电路器件。近年来，在新能源汽车高电压、中小功率场合，碳化硅功率 MOSFET 有取代硅 IGBT 的趋势。

二 电力二极管

1. 电力二极管作用

电力二极管在 20 世纪 50 年代初期就获得应用，当时也被称为半导体整流器，它的基本结构和工作原理与信息电子电路中的二极管是一样的，都以半导体 PN 结为基础，实现正向导通、反向截止的功能。

电力二极管是不可控器件，其导通和关断完全是由其在主电路中承受的电压和电流决定的。由一个面积较大的 PN 结和两端引线以及封装组成的。从外形上看，主要有螺栓型和平板型两种封装。电力二极管外形及符号如图 9-1 所示。

功率二极管的伏安特性曲线与普通小功率二极管基本一致，如图 9-2 所示。在外加正向电压情况下，二极管在 0.5V 左右开始导通，有微弱的正向电流 I_F 流过（F=Forward）。随着正向电流 I_F 的增大，功率二极管的正向压降也逐渐增大。由于功率二极管通常工作于大电流状态，在电流值达到额定电流时，工作点在伏安特性曲线的上端 A 点，其压降一般在 1.0~2.0V 之间。而普通小功率二极管通常工作于小电流状态，其工作点在伏安特性曲线的 B 点附近，压降一般为 0.7V。

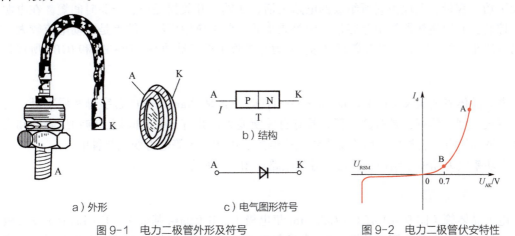

a）外形　　　　　　　c）电气图形符号
b）结构

图 9-1　电力二极管外形及符号　　　　　　图 9-2　电力二极管伏安特性

在外加反向电压时，二极管不导通，只有一个很小的反向饱和电流 I_s 流过。但当外加的反向电压超过二极管所能承受的最高反向电压 U_{RSM} 后，二极管被击穿，反向电流 I_r 迅速增加，此时若无限流保护，二极管将被烧毁。功率二极管所能承受的反向电压通常均比较高，为几百伏至几千伏，远高于普通二极管所能成受的反向电压。

2. 电力二极管类型

其主要类型有普通二极管、快恢复二极管、肖特基二极管。

（1）普通二极管

普通二极管（General Purpose Diode）又称整流二极管（Rectifier Diode），多用于开关频率不高（1kHz 以下）的整流电路中。

（2）快速恢复二极管

恢复过程很短特别是反向恢复过程很短（5μs 以下）的二极管，也简称快速二极管。工艺上多采用了掺金措施，结构上有的采用 PN 结构类型，也有的采用对此加以改进的 PN 结构。

（3）肖特基二极管

以金属和半导体接触形成的势垒为基础的二极管称为肖特基势垒二极管（Schottky Barrier Diode——SBD），简称为肖特基二极管。肖特基二极管的优点在于：反向恢复时间很短（10~40ns），正向恢复过程中也不会有明显的电压过冲；在反向耐压较低的情况下其正向压降也很小，明显低于快恢复二极管。因此，其开关损耗和正向导通损耗都比快速二极管还要小，效率高。肖特基二极管的弱点在于：当反向耐压提高时其正向压降也会高得不能满足要求，因此多用于 200V 以下的低压场合，反向漏电流较大且对温度敏感，因此反向稳态损耗不能忽略，而且必须更严格地限制其工作温度。

三 电力晶体管

1. 电力晶体管

电力晶体管是一种电流控制电流的大功率、高反压电力电子器件，具有自关断能力，产生于 20 世纪 70 年代，其额定值已达 1800V/800A/2kHz、1400V/600A/5kHz、600V/3A/100kHz。它既具备晶体管饱和压降低、开关时间短和安全工作区宽等固有特性，又增大了功率容量，因此由它所组成的电路灵活、成熟、开关损耗小、开关时间短，在电源、电机控制、通用逆变器等中等容量、中等频率的电路中应用广泛。缺点是驱动电流较大、耐浪涌电流能力差、易受二次击穿而损坏。电力晶体管正逐步被功率 MOSFET 和 IGBT 所代替。

2. 电力晶体管结构

电力晶体管的英文 Giant Transistor ——GTR，TR 是 Transistor 的首字母和尾字母，它是一种双极结型晶体管，具有高反压，具有自关断能力，并有开关时间短、饱和压降低和安全工作区宽等优点。它被广泛用于交直流电机调速、中频电源等电力变流装置中。

大功率电力晶体管结构、外形和等效电路如图 9-3 所示。

3. 电力晶体管原理

电力晶体管（图 9-4）有 C（Collector 集电极）、B（Base 基极）、E（Emitter 发射极）三个电极，在电力晶体管中基极（B）和发射极（E）之间施加超过开启电压的电压后形成一个小电流，则在集电极（C）和发射极（E）间有大电流流过，由于输入的是小电流，输出的是大电流，因此是用电流来放大电流的器件，电流的放大倍数用 β 表示。

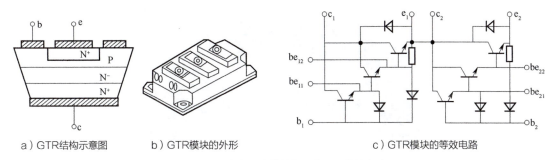

a）GTR结构示意图　　　b）GTR模块的外形　　　　　　　c）GTR模块的等效电路

图9-3　电力晶体管结构、外形和等效电路

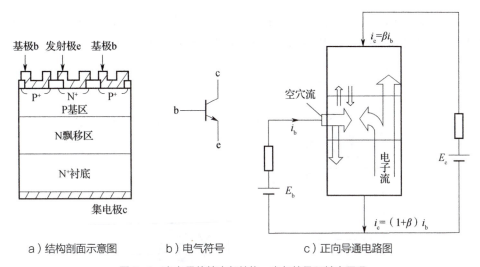

a）结构剖面示意图　　　b）电气符号　　　　c）正向导通电路图

图9-4　电力晶体管内部结构、电气符号和基本原理

➤ **特别说明：** 电力晶体管和电工电子学中的晶体管的工作原理相同。优点是输出耐高压、大电流，但输入驱动电路复杂，输入电流较大。

4. 电力晶体管模块化

电力晶体管模块化符号（图9-5），其中图9-5c四单元模块可实现单相全桥逆变，9-5d六单元模块可实现三相全桥逆变。

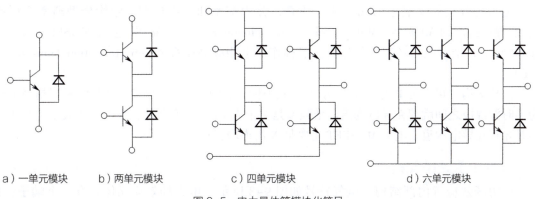

a）一单元模块　　b）两单元模块　　　c）四单元模块　　　　　d）六单元模块

图9-5　电力晶体管模块化符号

两单元电力晶体管（GTR）模块实物如图 9-6 所示，可见其外部端子较多。

图 9-6　两单元电力晶体管（GTR）模块实物

图 9-7 所示为两单元电力晶体管（GTR）模块的内部实际电路，三级放大结构在外部看来相当于一个大功率晶体管，所以本质是图 9-5b 所示的两单元模块。

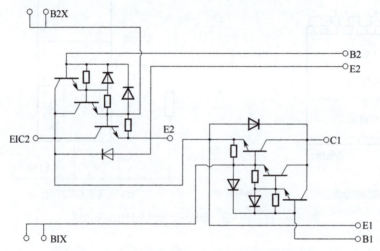

图 9-7　两单元电力晶体管（GTR）模块的内部实际电路

四　电力场效应晶体管

1. 电力场效应管简介

电力场效应管又名电力场效应晶体管，分为结型和绝缘栅型。绝缘栅型通常主要指绝缘栅型中的 MOS 型（Metal Oxide Semiconductor FET），简称电力 MOSFET（Power MOSFET），结型电力场效应晶体管一般称作静电感应晶体管（Static Induction Transistor—SIT）。

按导电沟道可分为 P 沟道和 N 沟道，每种还分为增强型和耗尽型。耗尽型是当栅极电压为零时漏源极之间就存在导电沟道。增强型是对于 N（P）沟道器件，栅极电压大于（小于）零时才存在导电沟道。电力 MOSFET 主要是 N 沟道增强型。

2. 电力场效应管结构

电力场效应管内部结构、电气符号如图 9-8 所示，电力场效应晶体管有三个端子：D（Drainage，漏极）、G（Gate，栅极）、S（Source，源极）三个极。

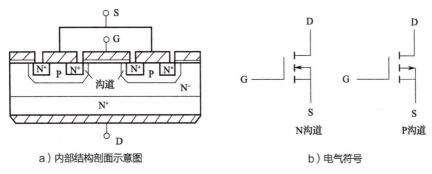

a）内部结构剖面示意图　　　　　　　b）电气符号

图9-8　电力场效应管内部结构、电气符号

3. 电力场效应管原理

以N沟道的电力场效应管为例,在电力场效应管的漏极（D）接工作电路电源正极,源极（S）接工作电路电源负极时,工作情况如下:

（1）栅极（G）和源极（S）之间无驱动电压或低于开启电压

若电力场效应管栅极（G）和源极（S）之间电压为0V,沟道不导电,电力场效应管的漏极（D）和源极（S）处于截止（不导通）状态。

（2）栅极（G）和源极（S）之间电压大于或等于管子的开启电压

电力场效应管栅极（G）和源极（S）之间电压大于或等于管子的开启电压,沟道导电,电力场效应管的漏极（D）和源极（S）处于导通状态,且开启电压越大,导电能力越强,漏极电流越大。一旦导电沟形成,即使电力场效应管栅极（G）和源极（S）之间电压降低至管子的开启电压以下或为零电压（取消驱动电压）,导电沟仍不会消失,电力场效应管的漏极（D）和源极（S）仍处于导通状态。放大能力用输出电流比输入电压,量纲为电阻的倒数,称为跨导,单位是S（西门子）,是电压放大电流的器件。

（3）栅极（G）和源极（S）之间加负电压时

电力场效应管栅极（G）和源极（S）之间加负电压时,导电沟道消失,管子的漏极（D）和源极（S）处于截止状态,且开启负电压越大,导电沟道消失的越快。

4. 电力场效应管保护措施

电力场效应管的绝缘层易被击穿是它的致命弱点,栅源电压一般不得超过 ±20V,因此,在应用时必须采取相应的保护措施,通常有以下几种:

（1）防静电击穿

电力场效应管最大的优点是有极高的输入阻抗,因此在静电较强的场合易被静电击穿,为此,应注意,储存时应放在具有屏蔽性能的容器中,取用时工作人员要通过腕带良好接地;在器件接入电路时,工作台和烙铁必须良好接地,且烙铁断电焊接;测试器件时,仪器和工作台都必须良好接地。

（2）防偶然性振荡损坏

当输入电路某些参数不合适时,可能引起振荡而造成器件损坏,因此需在栅极输入电路中串入电阻。

（3）防栅极过电压

可在栅源之间并联电阻或约 20V 的稳压二极管。

（4）防漏极过电流

由于过载或短路都会引起过大的电流冲击，超过极限值，此时必须采用快速保护电路使器件迅速断开主回路。

五 绝缘栅极双极型晶体管

1. 绝缘栅极双极型晶体管简介

绝缘栅双极型晶体管是由 MOSFET 和双极型晶体管复合而成的一种器件，其输入极为 MOSFET，输出极为 PNP 晶体管，它融合了这两种器件的优点，既具有 MOSFET 器件驱动功率小和开关速度快的优点，又具有双极型器件饱和压降低而容量大的优点，其频率特性介于 MOSFET 与功率晶体管之间，可正常工作于几十 kHz 频率范围内，在现代电力电子技术中得到了越来越广泛的应用，在较高频率的大、中功率应用中占据了主导地位。

2. 绝缘栅极双极型晶体管结构

绝缘栅极双极型晶体管（IGBT）的工作原理是电力晶体管（GTR）和电力场效应管（P-MOSFET）结构的复合，IGBT 结构如图 9-9 所示。电力晶体管（GTR）由 N+ 、P、N-、N+ 四层半导体组成，无 SiO_2 绝缘层；电力场效应管（P-MOSFET）由 N+、P、N-、N+ 四层半导体组成，但有 SiO_2 绝缘层；绝缘栅极双极型晶体管（IGBT）由 N+ 、P、N-、N+、P+ 五层半导体组成，有 SiO_2 绝缘层。

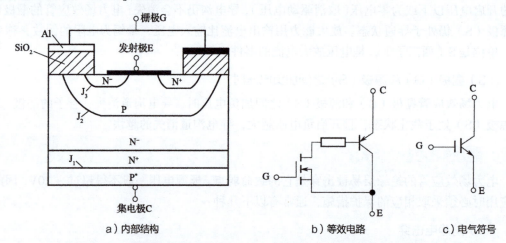

a）内部结构   b）等效电路   c）电气符号

图 9-9   绝缘栅极双极型晶体管（IGBT）内部结构、等效电路和电气符号

3. 绝缘栅极双极型晶体管原理

绝缘栅极双极型晶体管（IGBT）是通过栅极驱动电压来控制的开关晶体管，工作原理同电力场效应管（P-MOSFET）和电力晶体管（GTR）相似。因此具有输入栅极（G）和发射极（E）之间驱动功率很小，开关速度快，输出集电极（C）和发射极（E）之间饱和压降低，工作电流大的优点。

IGBT 是 C（Collector 集电极）、G（Gate 栅极）、E（Emitter 发射极）三个极，工作原

理是在 IGBT 的 GE 间施加一个电压，则在 CE 间有大电流流过，是电压放大电流的器件，其工作情况如下：

（1）栅极（G）和发射极（E）之间无驱动电压或低于开启电压

若电力场效应管栅极（G）和电力晶体管发射极（E）之间电压为0V，电力晶体管的集电极（C）和发射极（E）处于截止（不导通）状态。

（2）电力场效应管栅极（G）和发射极（E）之间电压大于或等于管子的开启电压

电力场效应管栅极（G）和发射极（E）之间电压大于或等于管子的开启电压，沟道导电，电力场效应管的集电极（C）和发射极（E）处于导通状态，且开启电压越大，导电能力越强，漏极电流越大。一旦导电沟形成，即使电力场效应管栅极（G）和发射极（E）之间电压降低至管子的开启电压以下或为零电压（取消驱动电压），导电沟仍不会消失，电力场效应管的集电极（C）和发射极（E）仍处于导通状态。

➤ **场效应管开启电压的大小问题**：不同场效应管的开启电压是不同的，低的电压为3~5V，高的电压为5~10V，具体开启电压需要查询相应型号场效应管手册。

（3）栅极（G）和发射极（E）之间加负电压时

电力场效应管栅极（G）和发射极（E）之间加负电压时，导电沟道消失，管子的集电极（C）和发射极（E）处于截止状态，且开启负电压越大，导电沟道消失的越快。

4. IGBT 模块

IGBT 模块常用封装后的符号（图 9-10），有一单元、两单元、六单元 IPM，符号图中只给出了 IGBT 模块中 IGBT 的组合个数。

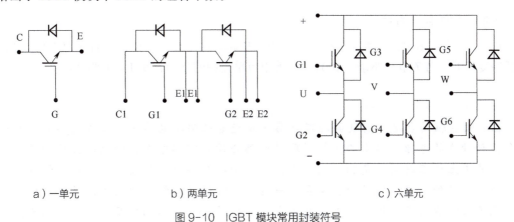

a）一单元　　　　　　　b）两单元　　　　　　　　　c）六单元

图 9-10　IGBT 模块常用封装符号

两单元 IGBT 功率模块实物如图 9-11 所示。

5. 驱动电压对 IGBT 的影响

作用在 IGBT 栅极和发射极之间的电压会有如下表现：

在 0~4.0V 和未加电源的状态一样，由于外部噪声可能导致误动作，电源电压欠电压保护（UV）不动作，也没有 FO 输出。在 4.0~12.5V

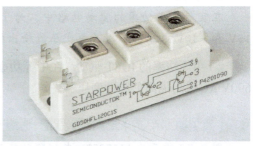

图 9-11　两单元绝缘栅极双极型晶体管（IGBT）实物

即使有控制输入信号，开关动也会停止，电源电压欠压保护（UV）动作，对外部微控制电路输出 FO。在 12.5~13.5V 开关可以动作，但在推荐范围外。违反了 IPM 的规格书中的规定值，集电极功耗增加，结温上升。

在 13.5~16.5V 之间，控制电压在正常范围内（通常取 +15V 做 IGBT 的正常导通驱动，取 −10V 做关断驱动）。

在 16.5~20.0V 之间，开关可以动作，但在推荐范围外。违反了 IPM 的规格书中的规定值，短路时的电流峰值大，可能超过硅片的耐量而损坏。20V 以上 IPM 内部的控制电路和 IGBT 栅极部分损坏。

6. IGBT 的栅极驱动和隔离

（1）IGBT 驱动电路功能

IGBT 驱动电路必须具备以下两个功能：

1）栅极驱动功能。提供合适的栅极驱动脉冲电压值，使集电极和发射极充分导通和截止，因此要有开关变压器降压。

2）电隔离功能。电隔离功能是指实现控制电路（低压部分）与 IGBT 栅极（集电极和栅极击穿，栅极可能成为高压部分）的电隔离。实现电隔离可采用脉冲变压器、光电耦合器，汽车上应用最多的是光电耦合器隔离。

（2）典型驱动电压

典型的 IGBT 栅极驱动电压为（15 ± 10%）V 的正栅极电压，该电压足以使 IGBT 完全饱和。在任何情况下 +VGE 不应超出（12~20V）的范围。为了保证不会因为 di/dt 噪声产生误开通，故 −VGE 采用反偏压（−5~−15V）来作为关断电压。

（3）IGBT 驱动方式

1）小功率的 IGBT 驱动。在小功率的 IGBT 驱动时，220V AC 采用自举 IGBT 驱动，高频脉冲变压器，直流电压驱动。400V AC 采用简单光耦的新型自举 IGBT 驱动器。

【典型驱动案例】自举产生驱动电压

在变频器驱动电路、伺服驱动器电路或步进电机驱动电路中，上桥电路的驱动一般都会设计独立的电源。典型的变频器驱动电路会设计四路电源，分别给上桥和下桥驱动使用。其中上桥三路电源是独立的，下桥因为 IGBT 共地的原因可以共用一组电源，此组电源相对另外三组，提供的功率要大一些。通常提供四组电源的方法是这样的：由开关变压器四组输出经二极管整流、电容滤波，得到 15V 左右的电压，此电压加至光耦的输出端电源脚。

在实际的小功率的驱动电路中，为了简化设计，通常采用自举电路产生驱动 IGBT 的 15V 和 −10V 电压，不用开关变压器输出经二极管整流、电容滤波产生驱动电压。

2）中等功率的 IGBT 驱动。在中等功率的 IGBT 驱动中，400V AC 采用自举供电的光耦，690V AC 采用隔离的脉冲变压器。

[典型驱动电路] 光耦隔离直接驱动方式例

图 9-12 所示为 M57957L 光耦驱动芯片内部结构。

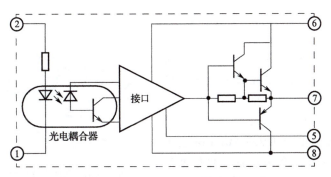

图 9-12　M57957L 光耦驱动芯片的内部结构

1—驱动脉冲输入负端 VIN－　2—驱动脉冲输入正端 VIN+　5—驱动脉冲输出地端 GND

6—驱动功放级正电源端 VCC　7—驱动脉冲输出端 Vout　8—驱动功放级负电源端 VEE

如图 9-13 所示，来自脉冲形成单元的驱动信号为高电平时光耦导通，接口电路把该信号整形后由功放级的两级达林顿 NPN 晶体管放大后输出，驱动功率 IGBT 模块导通。在驱动信号为低电平时光耦截止，此时接口电路输出亦为低电平，功放输出级 PNP 晶体管导通，给被驱动的功率 IGBT 栅射极间施加以反向电压，使被驱动功率 IGBT 模块恢复关断状态。驱动脉冲输入负端 VIN－，使用中通过一反相器接用户脉冲形成电路的输出；驱动脉冲输入正端 VIN＋，使用中通过一电阻接用户脉冲形成部分电源；驱动脉冲输出地端 GND，接驱动脉冲输出级电源地端，该端电位应与用户脉冲形成部分完全隔离；驱动功放级正电源端 VCC，接用户提供的驱动脉冲功放级正电源端；驱动脉冲输出端 Vout，直接接被驱动 IGBT 栅极；驱动功放级负电源端 VEE，接用户提供的驱动脉冲功放级负电源端。

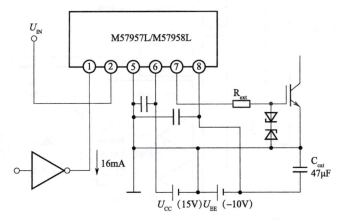

图 9-13　M57957L 驱动芯片外部电路及要被驱动的 IGBT

1—驱动脉冲输入负端 VIN－　2—驱动脉冲输入正端 VIN+　5—驱动脉冲输出地端 GND

6—驱动功放级正电源端 VCC　7—驱动脉冲输出端 Vout　8—驱动功放级负电源端 VEE

3）大功率 IGBT 驱动。大功率 IGBT 驱动易采用隔离变压器驱动。

【典型驱动案例】集成驱动模块驱动＋保护例

Infineon 公司、Concept 公司和 Semikron（西门康）公司是世界上著名的半导体生产商，配套生产 IGBT 驱动器。

Concept 公司是世界上著名的 IGBT 驱动器专业生产商，下面以 2SP0115T 驱动器

（图 9-14）为例介绍。

2SP0115T 两单元 IGBT 驱动器包含上、下桥驱动芯片，两个芯片与左侧的低压电路采用变压器隔离（图 9-15），输入 / 输出的电气连接器 X1；为了使开关损耗最小化的门极电阻 Rg；门极钳位（Advanced Active Clamping）d 关断时的提供过压保护；Vce 监控（Vce Monitoring）可实现短路监控；内置的负温度系数热敏电阻 NTC 可直接测量 IGBT 的温度，并采用 X2 连接器输出。本驱动器还包含了在半桥模式下，

图 9-14　印刷电路板为 2SP0115T 驱动器
（下部为两单元 IGBT 模块）

设置关断跳闸电位，响应时间和两个通道之间死区时间的元件。它的即插即用能力意味着安装后，它立即可以工作。在设计和调节驱动器到特定应用方面，用户不需要投入任何的精力。

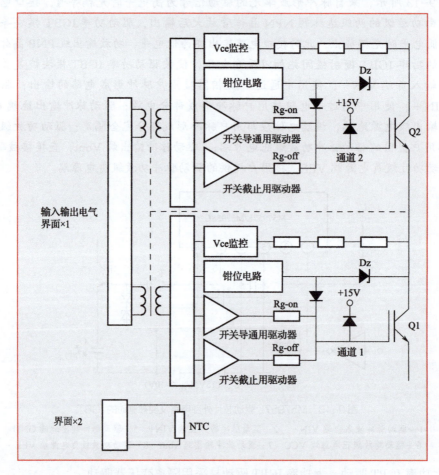

图 9-15　2SP0115T 两单元 IGBT 驱动器内部结构

Q1 或 Q2—功率开关 IGBT　NTC—负温度系数温度传感器　X1 或 X2—端子代号　DZ—保护用稳压管
Rg-on—开关导通控制时的栅极驱动电阻　Rg-off—开关截止控制时的栅极驱动电阻

连接器 X1（图 9-16）的管脚定义见表 9-1，功率逆变器中使用 2SP0115T 的简单方式：将驱动器插头 X1 连接到你的控制器件上，并给驱动器提供 +15V 的电压。用输入端 MOD（接口 X1 的管脚 17），可以设置工作模式。检查门极电压：断开状态，正常的门极电压在相关

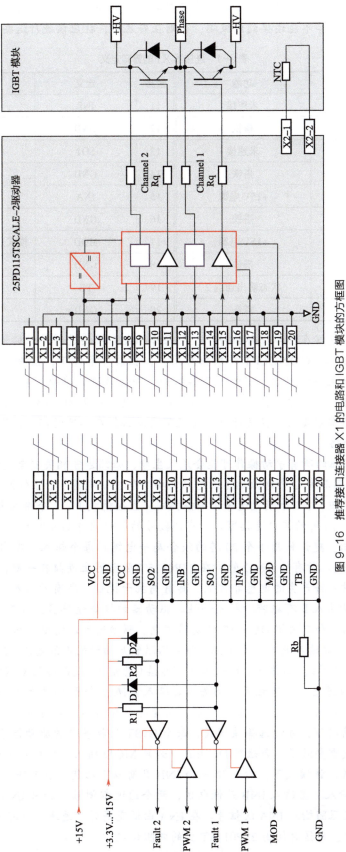

图 9-16 推荐接口连接器 X1 的电路和 IGBT 模块的方框图

Fault—故障输出 GND—搭铁 IN—输入 SO—状态输出 MOD—模式 VCC—供电电压 TB—时基 HV—高压 Phase—相输出

参数表中指定有，导通状态是 +15V。并检查在要求的开关频率下，没有时钟信号的驱动器的输入电流消耗。除非不能连接到门极端，否则在安装前，就应该进行这些测试。

表 9-1   连接器 X1 的管脚定义

管脚	定义	功能	管脚	定义	功能
1	N.C.	未连接	11	INB	信号输入 B
2	GND	搭铁	12	GND	搭铁
3	N.C.	未连接	13	SO1	状态输出通道 1
4	GND	搭铁	14	GND	搭铁
5	VCC	+15V 电源	15	INA	信号输入 A
6	GND	搭铁	16	GND	搭铁
7	VCC	+15V 电源	17	MOD	模式选择（直接/半桥）
8	GND	搭铁	18	GND	搭铁
9	SO2	状态输出通道 2	19	TB	闭锁时间
10	GND	搭铁	20	GND	搭铁

启动系统前，建议在功率循环条件下，对每个 IGBT 模块进行单独的检查。通常必须使用到单或双脉冲技术。CONCEPT 特别推荐用户，在最坏条件下，检查 SOA 内部 IGBT 模块的开关，因为这主要依赖于特定的逆变器结构。即使只测试单个的 IGBT，也必须给系统的所有门极驱动器供电，通过施加负的门极电压，使其他所有的 IGBT 保持在断开状态，在测试状态下这是非常重要的。在实际负载情况下启动必须在指定的温度范围和负载条件下再次确认系统是否合格。

小心：对于高压的所有手动操作可能会危及生命，必须遵守相关安全规程！

接口 X1 驱动器具有 2 个电源端（但是只需要 1 个 15V 电源）、2 个驱动信号输入、2 个状态输出（故障返回）、1 个模式选择（半桥模式 / 直接模式）、1 个输入来设置闭锁时间。驱动器配备了 1 个 20 针的接口连接器。所有偶数号的管脚用作 GND 连接。奇数号的管脚用作输入或状态输出。建议使用 1 个 20 芯的绞合扁平电缆。每个输入、输出信号和它自己的 GND 线绞合在一起。所有的 GND 管脚在 2SP0115T 驱动器上连接在一起，也应该和控制板连接到一起。这种安排产生的电感非常低，具有高抗干扰性。所有的输入是静电保护的。而且，所有的数字量输入具有施密特触发特性。驱动器的接口连接器上具有 2 个 VCC 端，用于给一次侧电子器件和二次侧 DC-DC 逆变器供电。驱动器可以发出的总功率为 $2 \times 1W$，从 +15V 电源流出的最大输入电流约为 0.2A。驱动器限制启动时的浪涌电流。MOD（模式选择）输入，可以选择工作模式。如果 MOD 输入没有连接（悬空），或连接到 VCC，选择直接模式。该模式下，两个通道之间没有相互依赖关系。输入 INA 直接影响通道 1，输入 INB 直接影响通道 2。在输入（INA 或 INB）的高电位，总是导致相应 IGBT 的导通。只有在控制电路产生死区时间的情况下，才能选择该模式，每个 IGBT 接收各自的驱动信号。小心：半桥上的 2 个开关同步或重叠时候，会短路 DC link。如果 MOD 输入是低电位（连接到 GND），就选择了半桥模式。该模式下，输入 INA 和 INB 具有以下功能：当 INB 作为使能输入时，INA 是驱动信号输入。当输入 INB 是低电位，两个通道都闭锁。如果 INB 电位变高，两个通道都使能，而且跟随输入 INA 的信号。在 INA 由低变高时，通道 2 立即关断，1 个死区时间后，通道 1 导通。死区时间由 2SP0115T 上的电阻设定。

INA 和 INB 是基本的驱动输入，但是它们的功能依赖于 MOD 输入。它们安全的识别整个逻辑电位 3.3~15V 范围内的信号。它们具有内置的 4.7kΩ 的下拉电阻，及施密特触发特性。INA 或 INB 的输入信号任意处于临界值时，可以触发 1 个输入跃变。

SO1、SO2（状态输出 SOx）输出是集电极开路型接法。没有检测到故障条件，输出是高阻。开路时，内部 500uA 电流源提升 SOx 输出到大约 4V 的电压。在通道"x"检测到故障条件时，相应的状态输出 SOx 变低电位（连接到 GND）。二极管 D1 和 D2（图 9-16）必须是肖特基二极管，而且只能在使用 3.3V 逻辑电位的时候使用。对于 5~15V 逻辑电位，他们可以被忽略。2 个 SOx 输出可以连接到一起，提供 1 个公共故障信号（例如对其中 1 相）。但是，建议单独评估状态信号，以达到快速准确的故障诊断。故障条件下，最大的 SOx 电流不应超过驱动器参数表中设定值。

状态信号是怎样处理的：二次侧的故障（IGBT 模块短路或电源欠压检测）立即传输到相应的 SOx 输出。在闭锁时间 TB 过去后，SOx 输出自动复位（返回到高阻状态）。一次侧电源欠压同时指示到 2 个 SOx 输出。当一次侧电源欠压消失时，2 个 SOx 输出自动复位（返回到高阻状态）。

TB 是调整闭锁时间的输入端子，TB 端子允许通过连接 1 个外部电阻到 GND，来减少工厂设定的闭锁时间。下文的等式计算管脚 TB 和 GND 之间的必须连接的电阻 Rb 的值，以设定要求的闭锁时间 Tb（典型值）：Rb[kΩ]=（7650+150×Tb[ms]）/（99−Tb[ms]）−6.8，20ms<Tb<90ms，通过选择 Rb=0Ω，闭锁时间也可以设置为最小值 9us（典型值）。如果不使用，输入 TB 可以悬空。

接口 X2 的描述（图 9-17）：

NTC 端在连接器 X2 上，有 1 个非隔离的 IGBT 模块 NTC 输出。它直接连接到 IGBT 模块的 NTC 热敏电阻上。

电源和电气隔离驱动器配备有 1 个 DC-DC 变换器，给门极驱动电路提供 1 个电气绝缘的电源。信号通过变压器实现隔离。所有的变压器（DC-DC 和信号变压器）满足 EN50178 安全绝缘要求，一次侧和任一个二次侧的保护等级为 II 级。注意，驱动器需要 1 个稳定的电源。

电源监控：驱动器的一次侧，2 个二次侧驱动通道，配备有本地欠压监控电路。如果出现一次侧电源欠压故障，2 个 IGBT 被 1 个负的门极电压驱动，从而保持在断开状态（2 个通道都闭锁），故障传送到 2 个输出 SO1 和 SO2，直到故障消失。如果一个二次侧电源欠压，相应的 IGBT 被 1 个负的门极电压驱动，从而保持在断开状态（通道闭锁），故障传送到相应的 SOx 输出，闭锁时间之后，SOx 输出自动复位（返回为高阻状态）。即使较低的电源电压，驱动器从 IGBT 的门极到发射极之间提供一个低阻。在 1 个半桥内，如果电源电压低，建议不要用 1 个 IGBT 驱动器操作 IGBTs 组。否则，高比率增加的 Vce 可能会造成这些 IGBTs 的部分开通。

Vce 监控 / 短路保护：驱动器内置的基本 Vce 监控电路，2 个 IGBT 的集电极 – 发射极电压可以通过电阻网络进行测量。导通时，响应时间之后，通过检测 Vce 来检测输出端短路。如果该电压高于设定的门槛电压 Vth，驱动器检测到 IGBT 短路，并立即给相应的 SOx 输出发送信号。在 1 个额外的延时后，相应的 IGBT 关断。只要闭锁时间有效，IGBT 就一直保持断开（非导通），故障一直显示在管脚 SOx。闭锁时间独立应用于每个通道。只要 Vce 超过了 Vce 监控电路的门槛电压，闭锁时间开始。注意：不饱和功能仅用于短路检测，不能提供过流保护，然而，过流检测有 1 个较低的时间优先级，可以很容易地提供。

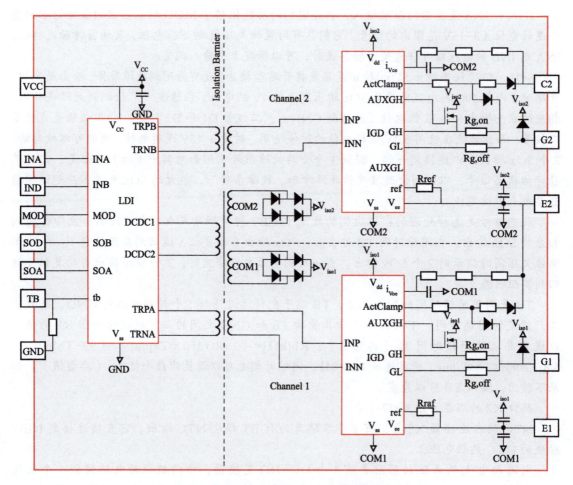

图 9-17　2SP0115T SCALE-2 驱动器的框图

Isolation Barnier—变压器绝缘隔离　TR—变压器缩写　A、B—通道
COM—公共搭铁　V_{ISO}—本图的 DC-DC 输出的电源

短路保护功能的实现是通过监控 IGBT 的 Vce 电压来实现，Vce 电压的监控还可实现故障后的操作禁止、电源欠压切断和状态反馈。大部分的驱动器在过流或短路时是不能限制过压的，有效钳位是指如果集电极－发射极电压超过预定的门槛电压时，由全开通变部分开通IGBT 的一种技术。信号低的传播延时能在工作直流电压高，集电极电流大或短路情况下，能有效关断 1 个 IGBT 模块时，具有特别重大的意义。

（4）IGBT 驱动设计规则

1）采用合适的开通和关断电阻。

2）考虑过压和反向恢复电流。

3）IGBT 栅极和发射极的保护措施。

4）必须进行防静电处理。

5）电路的保护措施。包括栅极 G 和发射极 E 间的电阻（4.7~10kΩ），双向稳压二极管（16.8~17.5V），在栅极 G 和发射极 E 间加入小电容去掉振荡，必须考虑上下管同时导通的情况，因为电压变化率太高（米勒电容会产生一个电流，而且还改变集电极和发射极间的电压（考虑到门限电压值），在门极和发射极中加入负电压进行关断可以避免这个问题。

6）上下桥臂 IGBT 的开通和关断延迟。

7. IGBT 失效及保护

（1）IGBT 的失效机制

IGBT 的失效机制包括以下四点：

1）MOS 绝缘栅结构在高温情况下会失去绝缘能力。

2）由于硅芯片与铝导线之间热膨胀系数的差异，在输出电流剧烈变化时，铝导线与硅芯片之间的接触面会形成热应力，从而造成裂纹，并会逐步导致铝线断裂。

3）由于处于芯片和散热铜底板间的陶瓷绝缘 / 导热片的热膨胀系数和散热铜底板的热膨胀系数不同，在底板温度不断变化时，连接两种材料的焊锡层会形成裂纹，从而导致散热能力下降，进而导致 IGBT 温度过高而失效。

4）由于振动，可能造成陶瓷片破裂，从而降低散热能力和绝缘能力。

上述失效机理将是综合影响并发生的。例如：在 IGBT 输出大电流时，铝线会受到热应力（机理 2）；同时芯片温度会上升，将热传导到底板，造成底板温度上升，从而激发机理 3；当温度过高时，会直接导致机理 1 的发生。再加上汽车运行工况所带来的颠簸振动，导致机理 4 的发生。

汽车级电力电子模块重点改善功率循环和温度循环（温度冲击）所引起的失效机理。IGBT 的最大结温是 150℃，在任何情况下都不能超过该值。

（2）IGBT 失效及保护

1）过热损坏。集电极电流过大引起的瞬时过热及其他原因，如散热不良导致的持续过热均会使 IGBT 损坏。如果器件持续短路，大电流产生的功耗将引起温升，由于芯片的热容量小，其温度迅速上升，若芯片温度超过硅本征温度（约 250℃），器件将失去阻断能力，栅极控制就无法保护，从而导致 IGBT 失效。实际运行时，一般最高允许的工作温度为 130℃左右。

保护措施：增加散热能力或通过降栅压来降功率驱动。

2）超出关断安全工作区。超出关断安全工作区引起擎住效应而损坏。擎住效应分为静态擎住效应和动态擎住效应。

保护措施：停止驱动输出。

3）瞬态过电流。IGBT 在运行过程中所承受的大幅值过电流除短路、直通等故障外，还有续流二极管的反向恢复电流、缓冲电容器的放电电流及噪声干扰造成的尖峰电流。这种瞬态过电流虽然持续时间较短，但如果不采取措施，将会增加 IGBT 的负担，可能导致 IGBT 失效。

保护措施：通过电流传感器（也可采用变压器、精密电流采样电阻等）检测是否过流，时间若长，停止驱动输出。

4）过电压。过电压会造成集电极、发射极间击穿。过电压也会造成栅极、发射极间击穿。

保护措施：通过监测 VCE 电压降，如果电压降过小，采用降栅压来降功率驱动或停止驱动输出。

8. IGBT 使用和检查

（1）使用注意事项

IGBT 是逆变器中最容易损坏的部分。由于 IGBT 模块为 MOSFET 结构，IGBT 的栅极通过一层氧化膜与发射极实现电隔离。由于此氧化膜很薄，其击穿电压一般仅能承受到 20~30V。因此因静电而导致栅极击穿是 IGBT 失效的常见原因之一。

因此使用中要注意以下几点：

在使用模块时，尽量不要用手触摸驱动端子部分，当必须要触摸模块端子时，要先将人体或衣服上的静电用大电阻接地进行放电后，再触摸；在用导电材料连接模块驱动端子时，在配线未接好之前请先不要接上模块；尽量在底板良好接地的情况下操作。在应用中有时虽然保证了栅极驱动电压没有超过栅极最大额定电压，但栅极连线的寄生电感和栅极与集电极间的电容耦合，也会产生使氧化层损坏的振荡电压。为此，通常采用双绞线来传送驱动信号，以减少寄生电感。在栅极连线中串联小电阻也可以抑制振荡电压。

此外，在栅极—发射极间开路时，若在集电极与发射极间加上电压，则随着集电极电位的变化，由于集电极有漏电流流过，栅极电位升高，集电极则有电流流过。这时，如果集电极与发射极间存在高电压，则有可能使 IGBT 发热甚至损坏。

在使用 IGBT 的场合，当栅极回路不正常或栅极回路损坏时（栅极处于开路状态），若在主回路上加上电压，则 IGBT 就会损坏，为防止此类故障，应在栅极与发射极之间串接一只 10kΩ 左右的电阻。

在安装或更换 IGBT 模块时，应十分重视 IGBT 模块与散热片的接触面状态和拧紧程度。为了减少接触热阻，最好在散热器与 IGBT 模块间涂抹导热硅脂，安装时应受力均匀，避免用力过度而损坏。一般逆变器的底部为水道，当水循环泵损坏或发动机舱前部的冷却风扇不转时将导致 IGBT 模块发热，而发生故障，逆变器的过热保护措施会使电机工作电流时有时无。

IPM 和散热器间应涂抹使用温度范围大且长期稳定、热传导率优良的硅脂。为了填补 IPM 和散热器间弯曲的缝隙，请均匀涂抹，厚度标准为 150μm（推荐的厚度范围为 100~200μm）。

（2）IGBT 过载使用

IGBT 不会轻易地炸。如果因为过电压、过电流、触发的紊乱而炸，那是变频器的制作水平问题了。

一般的采用 IGBT 作为整流或者逆变电路的元件，里面都有对元器件的自诊断、自保护功能，很偶然地才会炸 IGBT。大多数情况是保护起作用，自动封锁功率器件。如果将变频器的输出短路，然后上电，它会立即报故障，而不会炸 IGBT。这就是 IGBT 的抗短路功能。其保护速度是很快的，比快速熔断器还要快。这就是当今的 IGBT 的一大亮点。IGBT 不怕短路，但是它害怕过热（过载）。如果过载使用，IGBT 自身可就没有保护了（变频器对他的热保护也是比较薄弱的），需要注意它的散热条件、环境温度、长期连续的工作电流选择和限制。

（3）正常 IGBT 管极性判断

判断极性时，首先将万用表拨至 R×1kΩ 档，用万用表测量时，若某一极与其他两极阻值为无穷大，调换表笔后该极与其他两极的阻值仍为无穷大，则判断此极为栅极（G）。其余两极再用万用表测量，若测得阻值为无穷大，调换表笔后测量阻值较小。在测量阻值较小的一次中，则判断红表笔接的为集电极（C）；黑表笔接的为发射极（E）。

（4）有故障 IGBT 的检测

如何检测判断 IGBT 管的好坏。IGBT 管的好坏可用指针式万用表的 R×1kΩ 档来检测，或用数字万用表的"二极管"档来测量 PN 结正向压降进行判断。检测前先将 IGBT 管三只引脚短路放电，避免影响检测的准确度；然后用指针万用表的两支表笔正反测 G、E 两极及 G、C 两极的电阻，对于正常的 IGBT 管（正常 G、C 两极与 G、E 两极间的正反向电阻均为无穷大；内含阻尼二极管的 IGBT 管正常时，E、C 极间均有 4kΩ 正向电阻），上述所测值均为无穷大。

最后用指针万用表的红笔接 C 极，黑笔接 E 极，若所测值在 3.5kΩ 左右，则所测管为含阻尼二极管的 IGBT 管，若所测值在 50kΩ 左右，则所测 IGBT 管内不含阻尼二极管。对于数字万用表，正常情况下，IGBT 管的 C、E 极间正向压降约为 0.5V。

综上所述，内含阻尼二极管的 IGBT 管检测除上述以外，其他连接检测的读数均为无穷大。测得 IGBT 管三个引脚间电阻均很小，则说明该管已击穿损坏；维修中 IGBT 管多为击穿损坏。

若测得 IGBT 管三个引脚间电阻均为无穷大，说明该管已开路损坏。

（5）逆变器短路原因

1）直通短路桥臂。某一个器件（包括反并联的二极管）损坏或由于控制或驱动电路的故障，以及干扰引起驱动电路误触发，造成一个桥臂中两个 IGBT 同时开通。

直通保护电路必须有非常快的速度，在一般情况下，如果 IGBT 的额定参数选择合理，10μs 之内的过流就不会损坏器件，所以必须在这个时间内关断 IGBT。母线电流检测用霍尔式传感器，响应速度快，是短路保护检测的最佳选择。检测值与设定值比较，一旦超过，马上输出保护信号封锁驱动。同时用触发器构成记忆锁定保护电路，以避免保护电路在过流时的频繁动作。

2）负载电路短路。在某些升压变压器输出场合副边短路。

3）逆变器输出直接短路。在逆变器输出的三相交流电压供电线间直接短路。

单元二　智能功率模块

一　智能功率模块简介

智能功率模块（Intelligent Power Module, IPM）是一种先进的功率开关器件，具有 GTR（大功率晶体管）高电流密度、低饱和电压和耐高压的优点，以及 MOSFET（场效应晶体管）高输入阻抗、高开关频率和低驱动功率的优点。IPM 内部集成了逻辑、控制、检测和保护电路，使用起来方便，不仅减小了系统的体积以及开发时间，也大大增强了系统的可靠性，适应了当今功率器件的发展方向——模块化、复合化和功率集成电路（PIC），在电力电子领域得到了越来越广泛的应用。

二　智能功率模块结构

IPM 是在 IGBT 的外围集成了驱动和诊断电子电路，从而实现驱动和诊断的功能。

随着 IGBT 的工作频率可达到 20kHz，智能功率模块的工作频率也达到了 20kHz，智能功率模块（IPM）比 IGBT 还集成了驱动和诊断电子电路，因此代替了电力场效应管（MOSFET）和电力晶体管（GTR）。图 9-18 所示为全桥智能功能模块，内含 6 个 IPM 模块的内部保护电路（分别独立驱动 6 个 IGBT）。

图 9-19 所示为全桥智能功能模块，其内含有 7 个 IPM 模块，上桥采用三个驱动芯片驱动（下端的三个芯片），下桥采用一个芯片驱动（从上向下数第二个芯片），制动采用单独芯片驱动（第一个芯片）。

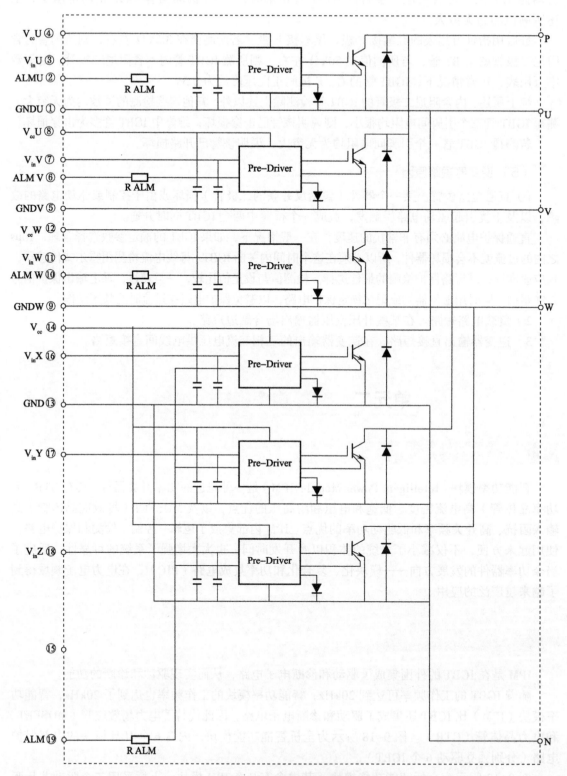

图9-18 全桥智能功能模块

Pre-Driver—驱动电路 ALM—故障输出电路 V$_{cc}$—电源 V$_{in}$—模块外接驱动输入 GND—搭铁
P—外接高压电源正 N—外接高压负 U、V、W—为相输出，外接电机

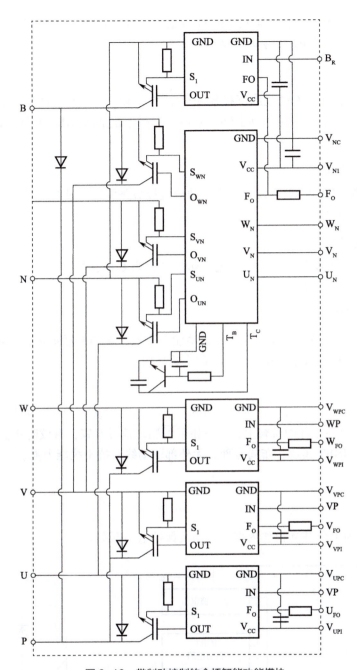

图9-19　带制动控制的全桥智能功能模块

P—主电路电源正极　N—主电路电源负极　U、V、W—主电路电源相控制　B—主电路的外接制动用电阻端
VP—U相驱动　S_1—短路监控监测端　OUT—驱动输出端　V_{CC}—电源（模块端口会根据U、V、W不同相加以区别）
GND—搭铁（模块端口会根据U、V、W不同相加以区别）　IN—输入（模块端口会根据U、V、W不同相加以区别）
F_O—故障输出（模块端口会根据U、V、W不同相加以区别）　B_R—外接制动电阻工作的控制信号

三　智能功率模块功能

1. 驱动功能

IPM内的IGBT芯片都选用高速型，而且驱动电路紧靠IGBT芯片，驱动延时小，所以

IPM 开关速度快，损耗小。IPM 内部的 IGBT 导通压降低，开关速度快，故 IPM 功耗小。

具体参考前几节讲的 IGBT 驱动电路。

2. 保护功能

出现过电压、过电流（过载或直接短路引起的过流）和过热等故障时，自身先停止本 IGBT 的驱动，同时将检测信号送到上部控制器，控制停止全部 IGBT 的驱动，并对外输出故障码。

（1）过电流保护功能

IPM 实时检测 IGBT 电流，当发生严重过载或直接短路引起的过电流时，IGBT 将被软关断，同时送出一个故障信号。

（2）过温保护功能

在靠近 IGBT 的绝缘基板上有一个温度传感器，当基板过热时，IPM 内部控制电路将截止栅级驱动，不响应输入控制信号。

（3）欠电压保护功能

驱动电压过低（一般为 15V）会造成驱动能力不够，增加导通损坏，IPM 自动检测驱动电源电压，当低于一定值超过 10μs 时，将截止驱动信号。

（4）其他功能

IPM 内藏相关的外围电路，无须采取防静电措施，大大减少了元件数目，体积相应小。

桥臂对管互锁是在串联的桥臂上，上下桥臂的驱动信号互锁，有效防止上下臂同时导通。优化的门级驱动与 IGBT 集成，布局合理，无外部驱动线，抗干扰能力强。

四　驱动和保护

图 9-20 所示为单个 IPM 模块内部的驱动及保护电路框图。

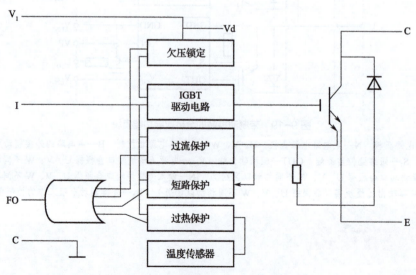

V_1、I、FO、C为控制端子，C、E为主端子

图 9-20　单个 IPM 模块内部的驱动及保护电路（含一个 IGBT 驱动 + 四个保护电路）

如果 IPM 内部四种保护电路中的一种保护电路工作，IPM 输出一个故障信号 FO（Fault Output，故障输出），IPM 自身先停止本 IGBT 的驱动，同时将检测信号送到上部控制器，控制停止 IPM 整个模块的全部 IGBT 的驱动，并对外输出故障码。

1. 控制驱动电源欠压锁定（UV）

UV=Under Voltage，译为欠电压。如果某种原因导致控制电压符合欠压条件，该功率器件会关断 IGBT 并输出故障信号。如果毛刺电压干扰时间小于规定的时间 Td（UV），则不会出现保护动作。

2. 过热保护（OT）

OV=Over Temperature，译为过温。在绝缘基板上安装有温度探头或测温二极管，如果超过数值 IPM 会截止栅极驱动，直到温度恢复正常（应避免反复动作）。

3. 过流保护（OC）

OC=Over Current，译为过电流。如果 IGBT 的电流超过数值，并大于关断时间 Toff（OC），典型值为 $10\,\mu s$，IGBT 被关断。超过 OC 数值，但时间小于关断时间 Toff（OC）的电流，并无大碍，故 IPM 不予处理。当检测出过电流时，IGBT 会被有效地软关断。

4. 短路保护（SC）

SC=Short Curcuit，译为短路。当发生负载短路或上下臂直通时，IPM 立即关断 IGBT 并输出故障信号。注：过流采样和短路采样采用同一回路。

五　IPM 与微控制器的隔离

为防止主电路强电损坏控制器电路，如图 9-21 所示，在微控制器输出的反向器部分和 IPM 模块之间增加了光电隔离驱动电路。

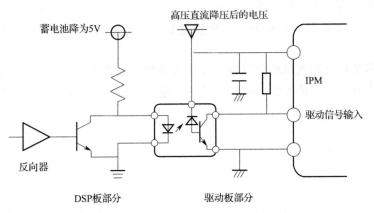

图 9-21　IPM 模块光电隔离驱动电路

如图 9-22 所示，光耦在 IPM 使用中高压主回路和低压回路中的一些注意。低速光耦可用于故障输出端和制动输入端。位置 1 散热器可能和 N 侧一样接地；位置 2 平滑电容和薄膜电容应放在 IPM 附近；位置 3 三相输出不能接电容；位置 4 输入端子和光耦间配线尽量短；位置 5 为了光耦稳定动作应输入加电解电容或陶瓷电容。

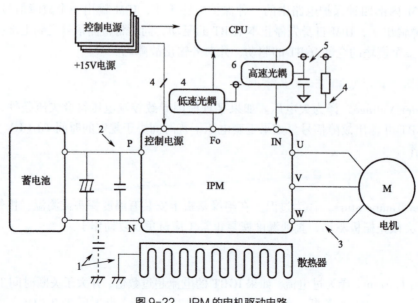

图9-22　IPM 的电机驱动电路

单元三　车用变频器

一　变频器概述

整流和逆变是互逆的过程。

整流是把交流变成直流的装置。整流器种类有单管单相半波整流器、四管单相全桥整流器、六管三相全桥整流器。

逆变器是把直流变成交流的装置。种类有单管单相逆变器、四管单相全桥逆变器、六管三相全桥逆变器。电动汽车电机为三相全桥逆变器，按导通控制分为两两导通和三三导通两种。

工业变频器是将三相或单相交流电先经整流桥整流成直流，再经逆变桥转成交流。电动汽车动力电源本身就为直流电源，所以仅是一个逆变过程，不过人们习惯也将逆变器称为变频器。

二　变频器内元件及其功能

1. 电容器

逆变桥的直流输入端并联有大容量的电容器，可以在放电阶段提供储能器的作用，由于直流放电电容没有内阻，可使电机加速更快。在充电阶段，可减小大电流对蓄电池的负面作用，还有滤波效果。

2. 变频器控制单元

变频器控制单元接收来自纯电动汽车整车控制单元或混合动力汽车控制单元通过 CAN

总线发送过来的传来的电机转矩需求信号，根据电机转子转速信号、电机转子位置信号和三相电机各相电流信号产生驱动逆变桥驱动单元的定时弱信号。

变频器控制单元的核心是数字信号处理器（Data Signal Processor，DSP），作用是从混合动力控制单元（HV-ECU）或纯电动汽车控制单元（EV-ECU）接收发送过来的转矩信号，数字信号处理器（DSP）根据汽车电机反馈的转速和相电流信号，输出控制电机达到控制目标的控制脉冲来驱动智能逆变桥（IPM）。

图 9-23　一汽 B50EV 纯电动汽车逆变器总成（图片版权保护）

图 9-23 所示为一汽 B50EV 纯电动汽车逆变器总成图。

3. 逆变桥驱动单元

图 9-24 所示为驱动单元和逆变桥。接收来自变频器控制单元的定时弱信号，将这个信号转换成能驱动逆变桥的 15V 正脉冲或 5~10V 负脉冲。

4. 逆变桥单元

图 9-25 所示为驱动单元和双单元 IGBT 模块。在逆变桥单元是由三个双单元 IGBT 模块组成，它把直流变成三相交流，给三相永磁直流无刷电机供电。

图 9-24　驱动单元和逆变桥（图片版权保护）

图 9-25　驱动单元和双单元 IGBT 模块（图片版权保护）

若逆变桥出现故障，如欠电压保护、过电压、过电流保护、过温保护、短路保护信号时，IPM 通过串行故障输出端口传送给逆变器控制器。

5.DC-DC 升压变换器

为了降低成本，同时提高蓄电池组的可靠性，设计上通常要减少蓄电池串联的数目，导致蓄电池总电压降低，电机效率下降。为了提高电机的效率，通常要采用升压 DC-DC 将低电压升压为高电压，再经逆变器把高压直流电变成三相交流电。

6.DC-DC 降压转换器

混合动力汽车或纯电动汽车由于没有 12V 电机，因此需要通过 DC-DC 将蓄电池由高压等级降压为 12V 等级为 12V 铅酸蓄电池充电，而 12V 蓄电池为全车电气系统供电。

降压 DC-DC 的功率元件为了共用散热器装在驱动电机的逆变器内部。也有汽车将降压 DC-DC 的功率元件布置在逆变器外部，这样的冷却系统是将逆变器、电机、DC-DC、电动冷却液循环泵和散热器等串联。

7. 汽车上其他类型变频器

（1）电动空调压缩机变频器

电动汽车空调压缩机采用电机驱动，一般直接用高压蓄电池电压，不用再像驱动电机那样升压。电动空调压缩机变频器如图 9-26 所示。

（2）电动转向机变频器

汽车上的 12V 变频器有电动转向电机采用的变频器，因电动转向机电机功率较小，所以变频器的逆变桥和控制单元体积都较小。以后的 36V（也称 42V）系统可能会代替 12V 给电动转向机供电。

图 9-26   电动空调压缩机变频器

三 丰田普锐斯变频器

图 9-27 所示为第二代丰田普锐斯变频器，逆变电路主要由智能功率模块（IPM）构成的逆变桥组成，IPM 内部的核心是电动汽车换流的绝缘栅双极型晶体管，也称 IGBT。逆变器总成内升压 DC-DC 和两套逆变器担负着向 MG1 和 MG2 电机提供交流电的功能。

第二代丰田普锐斯变频器控制单元和逆变桥原理图（图 9-28），关于本图的细节讲解请参考赵振宁编著的《混合动力汽车构造、原理与检修》。

逆变桥控制器
逆变桥

图 9-27   第二代丰田普锐斯变频器控制单元和逆变桥

空调压缩机逆变器和降压 DC-DC 分别隶属空调系统和电源系统。逆变器 U、V、W 三相输出中的 V、W 相设计有霍尔式电流传感器，在电机系统检修中霍尔式电流传感器已讲过。

四 比亚迪 E6 电动汽车变频器

比亚迪 E6 电动汽车采用多功能变频器，其内部结构原理如图 9-29 所示，图中除电机和充电口外的结构为比亚迪 E6 电动汽车变频器原理图，其功能如下：

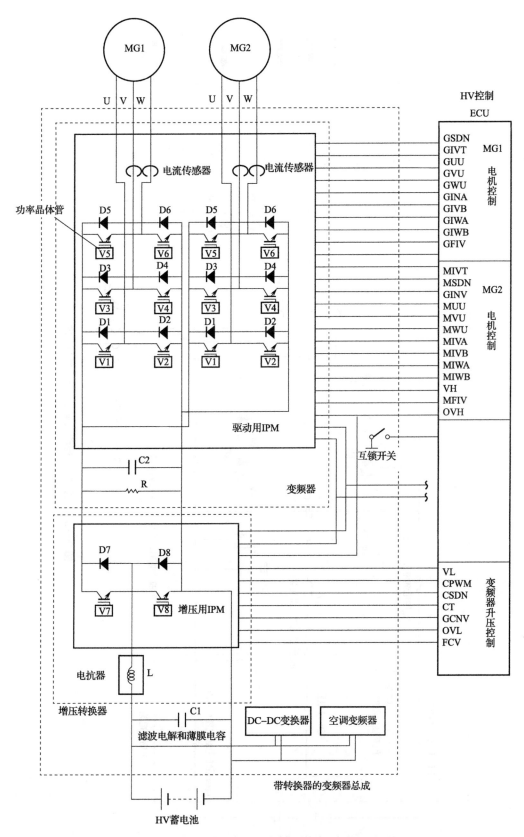

图 9-28 第二代丰田普锐斯逆变器总成内部结构原理图

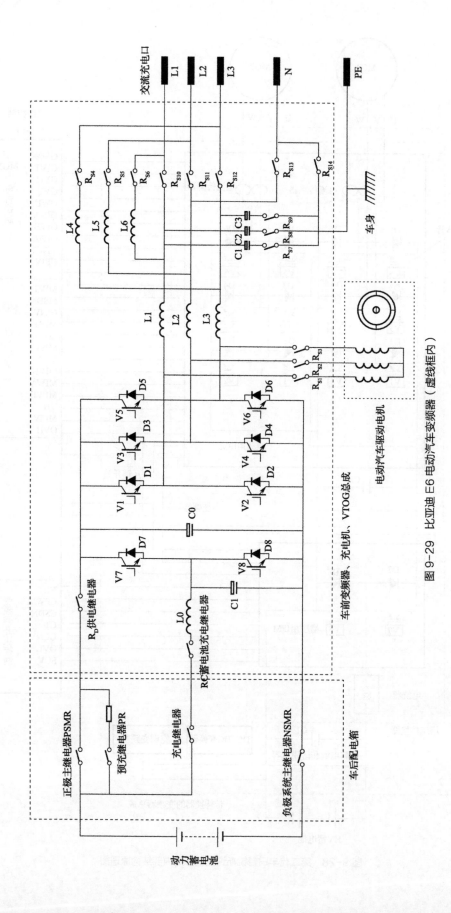

图9-29 比亚迪E6电动汽车变频器（虚线框内）

1）实现直流电变三相交流电以驱动电机。

2）实现将外界的单相或三相交流电转化为直流电给蓄电池充电。

3）实现将蓄电池的直流电转化为交流电为充电口的交流用电设备供电，起移动充电站的作用。

图 9-29 中 $R_{S1} \sim R_{S14}$ 为继电器开关（Relay Switch），R_D 为蓄电池给变频器供电的继电器，R_C 为蓄电池充电继电器。

单元四　冷却系统

电动汽车冷却技术是车辆辅助系统的核心技术之一，是动力、传动装置正常工作的重要技术保证，其技术水平及实车工况状态如何，将直接影响车辆性能指标的实现。电动汽车的性能特别是高温环境下的最大速度、最大爬坡度主要取决于冷却系统的热负荷特性。

一　热量的产生

1. 电机生热

汽车电动机的工作电流大，铜线因电阻生热多，加之变化的电流产生的磁场会在定子硅钢片内和转子硅钢片内感应出电流生热，所以应合理控制温度，否则会出现绝缘下降、电动机永磁转子退磁，从而效率降低。电机冷却要采用专门的冷却介质，一般采用油或防冻液作为冷却液。

电机的三种冷却方式如图 9-30 所示：a）仅定子冷却，是最常用的方式，但仅对定子线圈和定子硅钢生热进行散热，无法冷却转子；b）是电机转子外冷却，转子热量传导至定子，可再经定子冷却散走转子热量，这种情况不用增加管路，也可采用转子和定子之间的冷却液循环的方式，需要增加管路；c）是电机转子内冷却，因转子轴的转动，对电机轴上的密封环的要求太高，一般不采用。

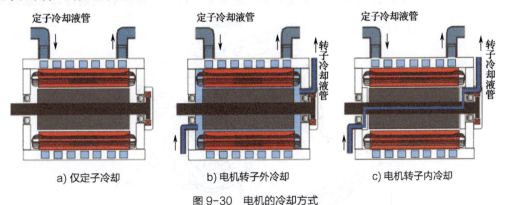

a) 仅定子冷却　　　　b) 电机转子外冷却　　　　c) 电机转子内冷却

图 9-30　电机的冷却方式

▶注：现在已研制出一种新型的蒸发式冷却电机，这种电机是根据相变传热原理在液体—气体转变过程中实现高效传热。它的重量较相同功率普通电机要减轻 40% 左右。

2. 逆变桥生热

电动汽车的电机逆变器和电机在工作中会有大量的热产生，特别是逆变器内的 IGBT 模块生热和热集中情况严重。

例如：某电机和电机驱动器一体化系统，电机额定输出功率24kW，电机最大输出功率60kW，电机驱动器额定输入电压312V，电机驱动器额定母线电流86A，最大母线电流236A。在电机额定输出功率下，电机驱动器发热损耗约为1.0kW，电机发热损耗约为1.53kW，因而电机和电机驱动器在额定输出功率下的总功耗为2.53kW，这个功率是很大的，对于升高冷却液温度是很快的，所以应尽快散热，防止温升。

电机驱动系统的功率限制因素。整个机电系统的功率转换以串联的形式实现，所以系统功率由转换过程中功率最小的环节决定，电池功率由电池的电压和电流能力决定，逆变器的功率由功率半导体器件（IGBT或MOSFET）的电压和电流能力以及散热能力决定，电机的功率由电机和散热能力决定。

3.DC-DC变换器生热

除了电机逆变器和牵引电机外，还有小功率的DC-DC变换器或DC-AC逆变器。逆变器产生的交流电用来驱动空调压缩泵电机。控制装置一般允许最高温度为60~70℃，而最佳工作环境温度在40~50℃。周围环境的温度较高时，很容易达到其上限温度，所以，必须采取专门的冷却装置，对其温度进行控制。

发动机冷却系统可称为第一冷却系统，而由逆变器、电机或DC-DC等组成的冷却系统可称为第二冷却系统。

对于客车，没有空间上的要求，冷却较简单。对于轿车，空间是电动汽车的一个重要问题，所以要有一套完整的散热机构，从热交换材料、结构、冷却介质、电控风扇到水泵电机。另外，冷却控制方法上轿车要比客车设计复杂和精确得多。目前已经生产的电动汽车中电机驱动控制系统的冷却方式主要有强迫风冷和液冷两种。液冷效果较好，其中，油冷的相对冷却能力为强迫风冷的20倍以上，水冷的冷却能力为强迫风冷的50倍以上，采用液冷系统的电机和电机驱动系统是适合于电动汽车冷却的必然趋势。

二　逆变器、电机串联冷却系统

图9-31所示为丰田普锐斯电机及变频器（逆变器）冷却系统。普锐斯冷却系统用于逆

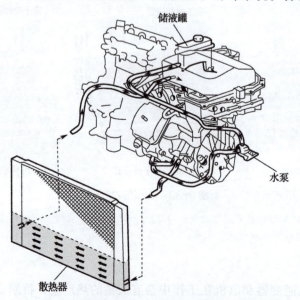

图9-31　丰田普锐斯电机及变频器（逆变器）冷却系统

变器总成（丰田称变频器总成）、MG1 和 MG2。采用了配备有电动水循环泵的冷却系统。电源状态转换为 IG（点火）时此冷却系统工作。冷却系统的散热器集成在发动机的散热器中。这样，散热器的结构得到简化，空间也得到有效利用。

> **注**：这种是增压和降压 DC–DC 变换器、辅助蓄电池 DC–DC、MG1 和 MG2 电机逆变器集成一体进行冷却。

三　发动机、逆变器和电机冷却系统

图 9-32 所示为奥迪 Q5 混合动力汽车冷却系统，为了冷却电驱动功率和控制装置 JX1 中的逆变桥，增设一个低温冷却循环回路。在冷却液循环和温度管理方面引入了发动机控制系统 MED.17.1.1，它有三个处理器，可以实现创新温度管理。使用这种控制单元的目的是通过改进车辆热平衡，来进一步降低油耗和 CO_2 排放。

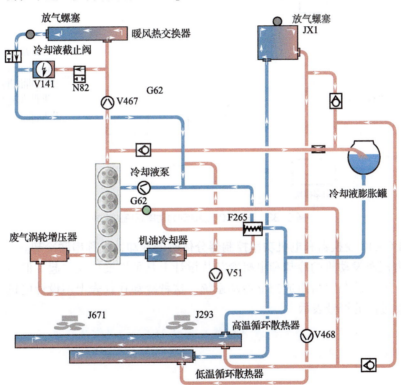

图 9-32　奥迪 Q5 混合动力汽车冷却系统

F265—特性曲线控制的发动机冷却系统节温器②（开启温度 95℃）　G62—冷却液温度传感器
J293—散热器风扇控制单元①　J671—散热器风扇控制单元②　JX1—电动功率电子控制装置（变频器）
N82—冷却液截止阀②（在热的一侧）　V51—冷却液续动泵②　V141—电机①
V467—高温循环冷却泵②　V468—低温循环冷却液泵①
①由电驱动装置的功率和控制电子装置 JX1 来控制　②由发动机控制单元 J623 来控制

所谓改进热平衡，是将所有生热部件和需要加热的部件连接，比如发动机和变速器上的温度保持功能能使发动机工作在效率最佳的范围内。

奥迪 Q5 混合动力汽车上的冷却系统分为低温循环和高温循环两部分。在发动机不工作时，冷却液是由电动冷却液泵来循环的。

发动机冷却系统为高温循环部分，组件包括暖风热交换器、冷却液截止阀 N82、电机 V141、高温循环冷却液泵 V467、冷却液泵、废气涡轮增压器、机油冷却器、冷却液温度传感器 G62、特性曲线控制的发动机冷却系统节温器 F265、冷却液续动泵 V51、高温循环散热器、变速器油冷却器。

电机驱动为低温循环部分，组件包括电驱动装置的功率和控制装置 JX1、低温循环冷却液泵 V468、低温循环散热器。

四 奔驰 400 混合动力功率系统的冷却

图 9-33 所示为奔驰 400 混合动力汽车的冷却系统管路。

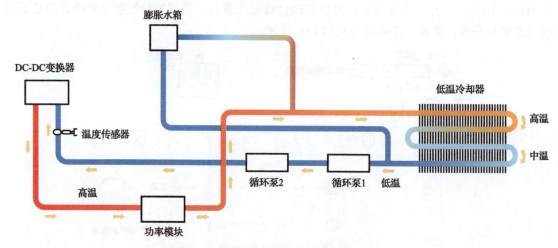

图 9-33　奔驰 400 混合动力功率系统的冷却

这种是 DC-DC 变换器和电机功率控制器分体时的冷却，也称串联冷却。

混合动力汽车发动机的冷却和电机冷却从设计上是可以设计在一起，但功率电子元件则必须选择独立冷却或与电机组成独立冷却系统。这种冷却在仪表上不设计电机的水温表，而是用电机温度过高的符号表示。

国外电动汽车中的电子功率热源电机逆变器和 DC-DC 通常集中在一个散热片上，这时有电机和功率电子两部分热源。

五 增加输出功率的办法

增加 PCU 的功率半导体元件数量或使元件比原来流过更大电流时 PCU 存在问题是散热。现在的车载用功率半导体最高可耐 150℃高温，因此需要采用始终将温度保持在 150℃ 以下的冷却结构。

1. 散热器双面半导体冷却技术

散热器单面冷却技术在解决大电流功率半导体的散热问题时有占用空间大的缺点，在散热器上下两面安置大电流功率半导体，现在大部分电动汽车都采用了散热器双面半导体冷却技术，节省空间的同时，改善了散热效果。单面冷却半导体元件流过 200A，采用双面冷却后，可流过 300A 以上的电流。使单位体积的输出功率比原来提高了 60%。在相同的输出功率情况下，体积比原来减小约 30%，重量减轻约 20%。

丰田前两代丰田普锐斯及皇冠 Hybrid 等车型一直利用单面水冷冷却功率半导体。2009 年以后采用了双面冷却技术。

2. 耐热半导体

功率半导体的耐热性有可能得到彻底解决。比如，现在使用的是硅晶圆，如果用碳化硅材料做，耐热性将大幅提高，同时还能够通过更大的电流。

复习题

1. 写出电力 IGBT 的特点。

_____

_____

_____

2. 写出电力 IGBT 的驱动电压和截止电压。

_____

_____

_____

3. 写出如何测量来确定一个电力 IGBT 的好坏。

_____

_____

_____

4. 写出变频器中五个主要元件的作用。

_____

_____

_____

5. 写出电机和变频器的冷却路径。

_____

_____

_____

项目十
DC-DC 变换器

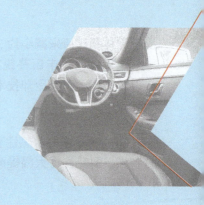

➡️ **情境引入**

电动汽车没有 12V 电机,小林的同学想听他说说汽车上的 12V 用电器是由谁来供电的。

➡️ **学习目标**

简要说出 DC-DC 变换器的作用。
简要说出全桥 DC-DC 变换器是如何工作的。
简要说出半桥 DC-DC 变换器是如何工作的。

单元一　DC-DC 变换器认知

一　DC-DC 变换器的作用

直流 – 直流变换器也称 DC-DC 变换器。

燃油车和电动汽车的辅助子系统两者的主要区别在于,燃油车的辅助蓄电池由与发动机相连的交流电机来充电,而电动汽车的辅助蓄电池则由主电源通过 DC-DC 变换器来充电。电动汽车或混合动力汽车中用来推动电机转动的能量来自于动力蓄电池,动力蓄电池为数块电池串联,电压较高,所以也叫高压电源。

电动汽车中 DC-DC 变换器的主要功能如下。

1. 降压转换器

单向 DC-DC 变换器把蓄电池高压直流降压为燃油汽车中电机的直流电压如 12V 或 24V。例如将 400V 蓄电池在汽车行驶中会降到电机不能工作的电压,如电压 280V,DC-DC 变换器保证在 280~400V 变化电压区间内输出稳定的 14V 电压。

另外,当主蓄电池完全放完电之后,汽车已经不能行驶时,DC-DC 变换器仍能从蓄电池中吸取能量向电动汽车的基本辅助子系统(12V)提供稳定的 14V 电力,对 24V 系统提供稳定的 28V 电力。

2. 升压转换器

(1)对动力电池电压进行升压
采用 DC-DC 变换器将蓄电池高压升为更高的直流电压来驱动电机,可提高系统的工作效率。

（2）对 12V 铅酸电池进行升压

在高压蓄电池容量不能驱动汽车时，为了让汽车能开离路面，防止阻塞交通。而采用 DC-DC 变换器将 12V/24V 铅酸蓄电池电压升为高压锂离子（或镍氢蓄电池）蓄电池的电压来驱动电机。

二　DC-DC 变换器的分类

1. 升压型和降压型

升压型主要用在高压电池数目少，高压数值低，为了提高电机效率，采用了升压型。降压型主要用在高压电池和铅酸蓄电池之间。

2. 全桥型和半桥型

全桥型和半桥型，详见 10.3 节。

3. 非绝缘型和绝缘型

非绝缘型是电路两侧通过电子元件相连通，绝缘型是电路两侧采用变压器隔离，采用磁能交换。绝缘型 DC-DC 变换器的换能部件是变压器。变压器由一次侧（输入侧、动力蓄电池侧）和二次侧（输出侧、铅蓄电池侧）两种线圈构成。线圈匝数比与电压比成比例。利用变压器改变电压时，变压器需通过交流电压。动力蓄电池是直流电压，DC-DC 变换器通过控制芯片控制功率半导体导通、截止将动力蓄电池的直流电压，转换成交流电压。利用变压器转换交流电压，再利用功率半导体将交流电压转换成 14V 的直流电压。利用功率半导体转换交流和直流时，负载电容器是为抑制电压波形的噪声，平滑输出电压。这两种 DC-DC 变换器的工作效率都很高，一般为 85%~95%，并且适于商用。非绝缘型结构简单和成本低，而绝缘型则能将主电源的高等级电压与辅助蓄电池的低等级电压隔离开来，更加安全可靠。

4. 单向 DC-DC 和双向 DC-DC

单向 DC-DC 只能向一个方向实现电压转换，双向 DC-DC 能互相实现电压转换。单向 DC-DC 多用于将燃料电池的电压升为与其并联的蓄电池电压。双向 DC-DC 多用于将动力蓄电池的电压升压为电机工作电压，或反之。也可以将动力电池的电压降为 12V 铅酸蓄电池的电压，或反之。

单元二　电动汽车辅助子系统

一　汽车辅助子系统

在电动汽车中，除动力电机以外的高压 400V 外，人们常把汽车电气和底盘电控制部分的用电器称为辅助子系统。比如空调、收音机、喇叭、车灯系统、电动汽车窗、刮水器；汽车底盘的动力转向系统、液压制动、气动制动等，它们多为 14V 或 28V。

传统汽油机转速低时，如果空调、音响及车灯等同时使用，即使发动机仍在运行，有些条件下也会出现电力不足现象。使用动力蓄电池和 DC-DC 变换器之后，可以不必考虑发动机的转速而为铅酸蓄电池充电。在传统的燃油车中只有起动用的起动蓄电池，一般只用一个12V 或 24V 的蓄电池为辅助子系统供电。

二　保留铅蓄电池的必要性

电动汽车以动力蓄电池为电源，能够利用 DC-DC 变换器为铅酸蓄电池充电。因此，混合动力汽车装备 DC-DC 变换器之后，还可省去原车交流发电机。

混合动力汽车和电动汽车按说也能省去铅蓄电池，但实际上还是保留了铅酸蓄电池。这样做有两大原因。一是保留铅蓄电池更能够降低整个车辆的成本；二是确保电源的冗余度。铅蓄电池能在短时间内向空调、刮水器及车灯等释放大电流。如果省去铅蓄电池，通过 DC-DC 变换器将动力蓄电池的电力用于空调及刮水器会导致 DC-DC 变换器的尺寸增大，从而使整体成本增加。另外，铅蓄电池便宜，因此目前将铅蓄电池置换成动力蓄电池（锂等）还没有成本上的优势。铅蓄电池还有确保向低压供电的冗余度的作用。DC-DC 变换器出现故障停止供电时，如果没有铅蓄电池，低压电就会立即停止运行。夜间车灯不亮，雨天刮水器停止运行等，就会影响驾驶。如果有铅蓄电池，便能够将汽车就近开到家里或者修理厂。

三　低压电系统

在电动汽车中，为区别 12V 电系，我们通常将 60V 以上的直流电压称为接触不安全高压。

汽油发动机车辆通常电器采用 12V 电压等级供电。几百伏的动力电池电压需要经 DC-DC 降压输出 14V 给 12V 电压等级的用电器和铅酸蓄电池供电。

柴油发动机车辆通常电器采用 12V 或 24V 电压等级供电。对于 24V 电压等级，几百伏的动力电池电压需要经 DC-DC 降压输出 28V 给 24V 电压等级的用电器和铅酸蓄电池供电。

> **行业指导**　汽车高、低压规定和特种作业对高、低压的界限是完全不同的。
>
> 在电工的特种作业领域：直流电压 1500V 以下为低压，不接触不触电，A 级即 60V 以下为接触安全电压，B 级为 60~1500V 接触不安全电，称为低压；高于 1500V 以上会有电离空气导电触电，不接触也可能触电，称为高压。交流电压 1000V 以下为低压，不接触不触电，A 级即 36V 以下为接触安全电压，B 级为 36~1000V 接触不安全电压，称为低压交流；高于 1000V 以上会有电离空气导电触电，不接触也可能触电，称为高压交流。国际上也有将 36V 写为 25V。
>
> 最后要说是的电动汽车电机电压或动力电池电压规定最高为 750V，实际一般为直流 300~400V 之间，在低压直流 1500V 的四分之一电压范围，所以第一绝对不是高压，第二是低压，且是低压中的较低范围。

四　高压电系统

为了节约能量，对于那些功率大的设备，如电机控制器、动力转向系统、液压制动或气动制动、空调除霜器（加热器）等要采用较高的电压供电。因此有几个直流—直流转换器，它们降压分别输出除了常规的 14V、28V 之外，还要采用 48V 甚至 120V 的次高压。这使得电动汽车的辅助蓄电池系统比燃油车的原车系统更为复杂。

电动汽车辅助子系统的能量消耗比燃油车大得多。各种辅助子系统的功耗见表 10-1。从表中可以看出，空调器是电动汽车辅助子系统中功耗最大的子系统，它的功耗大约占所有辅助子系统功耗的 60%~75%。为了减少空调器的损耗，通常采用 120V 的电压等级供电。此外，为了避免辅助蓄电池在短时间内耗尽，大功率的子系统，如空调器、动力转向系统、液压制动或气动制动和除霜器等，应当只有在接触器闭合时才能工作，这样可以直接从主电源中获取所需的动力。

表 10-1　电动汽车辅助子系统的功耗

负载类型	用电设备	额定功率 /W	权值	计算功率 /W
长期用电设备	组合仪表、蓄电池	84	1	84
连续用电设备	刮水电机、音响系统等	1228	0.5	614
短时间歇用电设备	电喇叭、各类信号灯等	2050	0.1	205
EV 附加用电设备	电动真空泵	420	0.1	42
	电动水泵	50	1	50
	电动转向	250	0.3	75
总功率		4082		1070

DC-DC 变换器的优化容量表示电池的充电和放电过程能够相互平衡，而且辅助蓄电池一直保持满充状态。例如：如果选择更大的容量，则充电过程就比放电过程占优势，就会导致 DC-DC 变换器尺寸过大或者出现辅助蓄电池过充的问题；如果选择小一点的容量，则电池的放电过程就比充电过程占优势，这将会导致辅助蓄电池在紧急情况下使用时失去满充状态。

除高压供电的电动空调压缩机电机、电动空气压缩机、暖风电加热器和逆变桥之外，其他子系统的能耗大约为 1kW，所以选 DC-DC 至少为 1kW。若动力转向不采用 12V 供电，则 DC-DC 的功率可以减小，但实际中为保险起见通常选 DC-DC 至少为 1.5kW。

一般电动客车只有一个 DC-DC 变换器，把高压如 400V 直流降压为 14V 或 28V 直流，这样的空调系统直接采用蓄电池直流电压 400V 供电，交流 400V 给空气压缩机电机和转向油泵电机供电。高档电动汽车会有几个 DC-DC 变换器，从而产生不同的直流电压，同时也有不同的 DC-AC 变换器产生不同的交流电压驱动不同系统的电机。当然也可以把低压直流如 200V 升为高压直流 600V，不过这种升压是为动力电机驱动汽车使用。

电动汽车 DC-DC 变换器实物（图 10-1）为独立一体，内部电力电子件、变压器、滤波电感的生热采用水冷。

吉利电动汽车水冷 DC-DC 变换器（图 10-2）采用散热器双面安置电子元件技术，散热器上部为驱动

图 10-1　独立水冷电动汽车 DC-DC 变换器实物

图 10-2　水冷直流 DC-DC 变换器（内置到变频器底部）

电机的变频器，下部为降压 DC-DC 变换器，两个外露的接线柱为 DC-DC 变换器原输出。

五　DC-DC 变换器的发展方向

1. DC-DC 变换器功能改进的方向之一是双向化

现在使用的 DC-DC 变换器只是单向改变电压。现在也存在双向的需求。当动力蓄电池的电力不足时，便可将铅酸蓄电池的电力输入动力蓄电池，用于瞬时起动发动机，以备紧急之需，这也是确保冗余度的方法，图 10-3 所示为奔驰混合动力汽车 12V 双向 DC-DC 变换器。

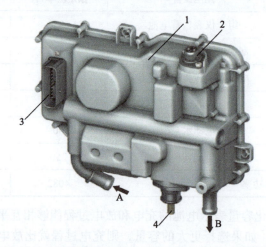

图 10-3　奔驰混合动力汽车 12V 双向 DC-DC 变换器

1—DC-DC 变换器模块　2—高电压插头连接（高压蓄电池）　3—DC-DC 变换器控制单元的 12V 插头连接
4—电路 30 的螺纹连接　A—冷却液进口　B—冷却液出口

由于 12V 车载电气系统与高压车载电气系统之间会交换蓄电池能量，因此，在点火开关接通的情况下，可通过 12V 跨接电缆对车辆进行跨接起动。换言之，如果蓄电池已经放电，则不需要单独的高电压充电器来起动车辆。

2. DC-DC 变换器不断小型化、轻量化、效率不断提高

为了减小空间占用，DC-DC 变换器的变压器的种类及 DC-DC 变换器电路越来越小型化，开关技术的进步和控制的精确使效率也不断提高。

3. DC-DC 变换器由单独散热器向与其他功率元件共用散热器的方向发展

为了将散热器的数目减少为一个，有些车型将一套或两套驱动电机的变频器（DC-AC）、升压 DC-DC 变换器（针对部分混合动力汽车）、降压 DC-DC 变换器等电力转换部件集成到一个散热器上。

在早期的轻型混合动力汽车中，散热器的布置采用分布式。如图 10-4 所示，电力电子模块 3 和 DC-DC 变换器模块 4 共用一个低温冷却系统，该系统与内燃机的冷却系统分开。该低温冷却系统可防止电力电子模块和 DC-DC 变换器模块出现过热损坏。电子控制单元通过来自低温回路温度传感器的电压信号记录电力电子冷却系统中的冷却液温度。发动机控制单元控制冷却液循环泵 1 和 2 工作。

　　冷却液流经 DC-DC 变换器模块和电力电子模块，并吸收这些部件的热能。之后，冷却液流经低温冷却器，由此处的气流进行冷却，然后流回循环泵 1 中。

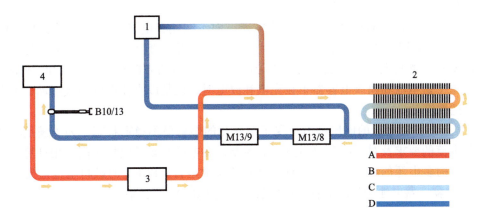

图 10-4　奔驰 400 轻混电力电子冷却回路的示意图

1—膨胀水箱　2—低温冷却器　3—电力电子模块　4—DC-DC 变换器模块　B10/13—低温回路温度传感器
M13/8—冷却液循环泵 1　M13/9—冷却液循环泵 2　A—对低温冷却器供给，冷却液温度非常高
B—冷却液温度较高　C—冷却液温度适中　D—自低温冷却器回流，冷却液温度较低

单元三　单 / 双向 DC-DC 变换器工作原理

一　基本降压（BUCK）电路

　　实现降压的 DC-DC 变换器的主电路结构有很多，其中 BUCK 型 DC-DC 变换器以其结构简单，转换效率高的特点是首选的 DC-DC 转换电路拓扑结构之一。

　　DC-DC 变换器一般由控制芯片，电感线圈，二极管，晶体管，电容器构成。基本 BUCK 电路的原理图如图 10-5 所示，U_{in} 是输入电压，U_o 是 BUCK 电路的输出电压，C_{in} 是输入电容，S 是功率开关管，VD 是功率二极管，L 是储能电感。

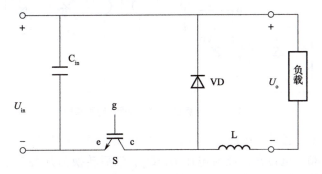

图 10-5　基本 BUCK 型 DC-DC 电路拓扑

　　基本 BUCK 电路的工作过程如下：当开关管 S 导通时，电流经负载、电感 L 流过 S 并线性增加，电能以磁能形式存储在电感线圈 L 中，同时给负载供电，电容 C_{in}、负载、L、S 构成回路，此时由于二极管 VD 的阳极接负，VD 处于截止状态，当 S 由导通转为截止时"存储在电感"中的能量释放出来，通过 VD 续流维持向负载供电 L、VD 和负载构成回路，若

周期性地控制开关管 S 的导通与关闭，即可实现能量由 U_{in} 向 U_o 的降压传递电路的输出电压 $U_o=\delta U_{in}$，δ 为开关管 S 的导通占空比为达到上述降压传递，开关管 S 与二极管 VD 必须轮流导通与关断，两者之间频繁地进行换流。

在 FCEV 上燃料电池只是由燃料产生电能，而不能储存电能，因此采用了单向 DC-DC 变换器。FCEV 采用的电源有各自的特性，燃料电池只提供直流电，电压和电流随输出电流的变化而变化。燃料电池不可能接受外电源的充电，电流的方向只是单向流动。FCEV 采用的辅助电源（蓄电池和超级电容器）在充电和放电时，也是以直流电的形式流动，但电流的方向是可逆性流动。

FCEV 上的各种电源的电压和电流受工况变化的影响呈不稳定状态。为了满足驱动电机对电压和电流的要求及对多电源电力系统的控制，在电源与驱动电机之间，用计算机控制实现对 FCEV 的多电源的综合控制，保证 FCEV 的正常运行。FCEV 的燃料电池需要装置单向 DC-DC 变换器，蓄电池和超级电容器需要装置双向 DC-DC 变换器。

二　全桥 DC-DC 变换器

燃料电池发动机输出的电压一般为 240~450V，燃料电池的输出电压随着燃料电池输出的电流的增大而减小。另外，由于燃料电池不能充电，因此，配置单向全桥 DC-DC 变换器，将燃料电池的波动电流转换为稳定、可控的直流电源。全桥 DC-DC 变换器输入端用 4 个导通开关和 4 个整流二极管共同组成大功率的直流电转换器（IGBT），中部为高频变压器 T_r，输出端用 4 个整流二极管共同组成整流器。全桥 DC-DC 变换器电路原理如图 10-6 所示。

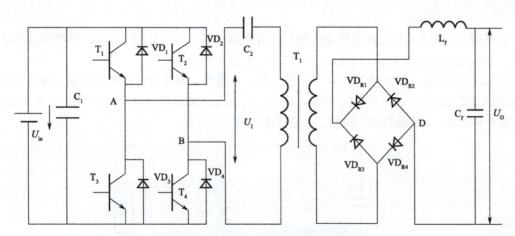

图 10-6　全桥 DC-DC 变换器电路原理

当导通开关 T_1 先导通时，在延迟一定的 α 电位角后再导通开关 T_4，而 T_2 和 T_3 被截止。T_1 和 T_4 轮流导通 180° 电位角。此时电压 $U_1=U_{in}$。然后转换为开关 T_2 先导通，在延迟一定的电位角后，再导通开关 T_3，而 T_1 和 T_4 被截止，T_2 和 T_3 轮流导通 180° 电位角。此时电压 $U_1=-U_{in}$。当控制 4 个开关管轮流导通时，将产生交变电压和电流，在 A、B 两个点上可以得到一个交流方波电压和电流。

在交流方波电压原边电路中串联一个电容 C_2，以防止变压器的磁偏心，然后将交流方波电压 U_1 输入到变压器 T_r 的原边中，变压器通过调节占空比来调节输出电压 U_o，控制和保持副边输出电压 U_o 的稳定。副边后面与一个 4 管整流器相连接，通过整流后在 C、D 两个点上可以得到一个直流电压。C、D 电路中加入由电感 L_f 和电容 C_f 组成的滤波器，将直流方波电压中的高频分量滤除，得到一个平直的直流电压。

只要改变导通时间，就可以调节输出电压 U_o 的值。选择智能控制的大功率全桥 DC-DC 变换器，可以有良好的自我保护能力和使用寿命。

DC-DC 变换器的外特性如图 10-7 所示，单向 DC-DC 变换器的控制框图如图 10-8 所示。根据 FCEV 的动力性能设计要求，确定 DC-DC 变换器输出电压的给定值。当燃料电池电流逐渐增大时，电压基本保持平稳，通过对输出电压的闭环控制，实现 DC-DC 变换器的恒压输出（图 10-7 中的 A—B 段）。当燃料电池电流继续增大、电压快速下降时，通过对输出功率控制，实现 DC-DC 变换器的恒功率输出

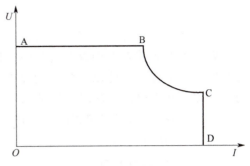

图 10-7　DC-DC 变换器的外特性

（图 10-7 中的 B—C 段）。由于燃料电池的电压达到下限值要受到所反应的温度、压力和环境等的影响，图 10-7 的 B—C 段的功率不能事先给定，而是用此时通过燃料电池的输出电压和电流来测定，并实时对 DC-DC 的输出功率进行调节，这是保证燃料电池不会发生过放电的关键措施。当 DC-DC 变换器达到最大输出电流时，电压迅速下降（图 10-7 中 C—D 段）为恒电流段，其电流值决定 DC-DC 变换器的最大输出电流。

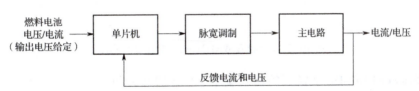

图 10-8　单向 DC-DC 变换器的控制框图

控制芯片控制功率半导体导通、截止。调制方式有 PFM（脉冲频率调制）和 PWM（脉冲宽度调制）两种方式。PFM 调制时开关脉冲宽度一定，通过改变脉冲输出的时间，使输出电压达到稳定。PWM 方式开关脉冲的频率一定，通过改变脉冲输出宽度，使输出电压达到稳定。通常情况下，采用 PFM 和 PWM 这两种不同调制方式的 DC-DC 变换器的性能不同点见表 10-2。

表 10-2　两种不同调制方式的 DC-DC 变换器的性能不同点

项目	PFM	PWM
电路规模（IC 内部）	简单	复杂
消耗电流	较少	较多
纹波电压	较大	较小
瞬态响应	较差（反应较慢）	较好（反应较快）

PWM 在选用较低频率的情况下，小负载时，效率较高，输出电压的纹波较大。在选用较高频率的情况下，小负载时，效率很低，输出电压的纹波较小。因此，在小负载或待机时间较长的情况下，选用低的频率，转换电路的效率较高，但若考虑输出电压的纹波问题，若选

用高的频率，纹波电压会较小。DC-DC 变换器通过开关动作进行升压或降压，特别是晶体管或场效应管处于快速开关时，会产生尖峰噪声，以及电磁干扰。

三　双向 DC-DC 变换器

在以蓄电池和超级电容器组成的混合电源上，一般蓄电池以稳态充/放电的形式工作，而超级电容器在电动汽车起动时，能够以大电流的放电形式工作，在接受外电源或制动反馈的电能时又能以大电流的充电形式工作。蓄电池和超级电容器的电流为双向流动，因此，在蓄电池和超级电容器与电力总线之间装置双向、升降压（Buck-Boost）型DC-DC 变换器，双向控制和调配所输入和输出的电流。非绝缘型双向 DC-DC 电压变换器电路如图 10-9 所示。

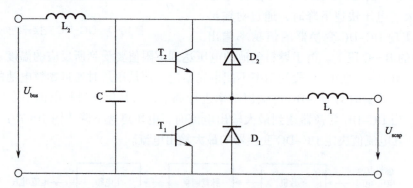

图 10-9　非绝缘型双向 DC-DC 电压变换器电路

在升降压双向 DC-DC 变换器的输入端用 2 个导通开关和 2 个整流二极管，分别组成 2个大功率的直流电转换器（IGBT），在输入端装有电感器 L_2 和电容器 C，在输出端装有电感器 L_1。双向 DC-DC 变换器处于充电工况时，导通开关 T_1 切断，导通开关 T_2 导通，充电机或制动反馈的电流，经由动力总线向蓄电池或超级电容器中充电。在通过电感 L_1 时，部分电流暂时存留在电感 L_1 中，当导通开关 T_2 断开后，电感 L_1 中存留的电流通过整流二极管 D_2 转存在电容器 C 中。双向 DC-DC 变换器在对超级电容器充电时处于降压（Buck）状态。在超级电容器电路上装置电感 L_1 还可以减小进入超级电容器线路的电流脉冲。

双向 DC-DC 变换器处于放电工况时，导通开关 T_1 导通，导通开关 T_2 切断。蓄电池或超级电容器放电，电容器 C 中储存的电荷也同时放电，电流方向是由超级电容器向动力总线方向流动，DC-DC 变换器对外放电处于升压（Boost）状态。在总线电路上装置电感 L_2 可以减小进入总线的电流脉冲。

四　丰田普锐斯用单向 DC-DC 变换器

（1）增压和降压转换器

如图 10-10 所示，增压转换器将 HV 蓄电池输出的额定电压 DC 201.6V 增压到 DC 500V的最高电压。转换器包括增压 IPM（集成功率模块），其中内置的 IGBT（绝缘栅极双极型晶体管）进行转换控制，而反应器（电感线圈）存储能量。通过使用这些组件，转换器将电压升高。MG1 或 MG2 作为电机工作时，变频器通过其将交流电（201.6~500V）转换为直流电，然后增压转换器将其降低到 DC 201.6V 为 HV 蓄电池充电。

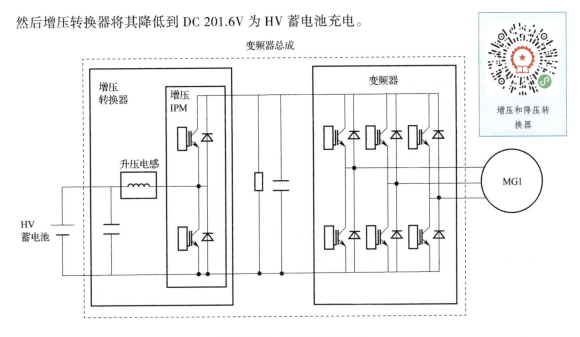

图 10-10　增压和降压转换器

（2）双半桥 DC-DC 变换器

如图 10-11 所示，车辆的辅助设备，如车灯、音响系统、空调系统（除空调压缩机）和 ECU，它们由 DC 12V 的供电系统供电。由于第二代丰田普锐斯电机输出额定电压为 DC 201.6V，因此，需要转换器将这个电压降低到 DC 12V 来为备用蓄电池充电。这个转换器安装于变频器的下部。

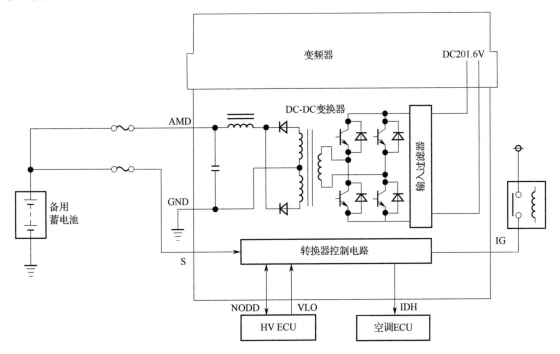

图 10-11　DC-DC 变换器系统图

复习题

1. 简要写出 DC-DC 变换器的作用。

_____

_____

_____

2. 简要写出全桥 DC-DC 变换器是如何工作的。

_____

_____

_____

3. 简要写出半桥 DC-DC 变换器是如何工作的。

_____

_____

_____

项目十一
电动汽车空调

➡ 情境引入

　　小林打开电动汽车空调后感觉噪声明显比同级的燃油汽车小得多，师傅说："热泵式空调更节能。"小林想知道什么是热泵式空调。

➡ 学习目标

　　简要说出电动汽车的制冷方法。
　　简要说出电动汽车的制热方法。

单元一　汽车热泵式空调

　　电动汽车空调与燃油汽车空调有一定的区别，主要是电动汽车采用了热泵式空调。目前汽车热泵式空调有直接式、间接式和补气增焓式三种。

一　直接式热泵空调

　　日产聆风（Leaf）于 2010 年底于欧美以及日本市场上市，2011 年进入中国市场，是 21 世纪最早的商品化纯电动汽车，其空调采用的是直接式热泵空调系统，与传统空调相比不同的是空调箱内部布置了一个热交换器，称为车内冷凝器。

　　工作原理如下：

1. 直接式热泵空调制冷

　　如图 11-1 所示，制冷时，车内冷凝器没有车内鼓风机过来的空气通过车内冷凝器翅片，这时工作原理基本与传统空调相同，气态制冷剂经电动压缩机压缩为高温（70℃）高压（13~15bar）的气态制冷剂，气态制冷剂经车内冷凝器、压力传感器、截止阀2、车外部冷凝器和干燥器后降为中温（50℃）中压（11~14bar）液压制冷剂，经低压加注口到膨胀阀1，经膨胀阀1节流进入车内蒸发器形成低温（-5℃）低压（1.5bar）气态制冷剂，低温气态制冷剂从车内吸热后变为稍升温（0~5℃）低压（1.2bar）的气态制冷剂（实际不一定全部蒸发掉，可能存在液态的制冷剂，这时可增加液气分离器），制冷剂再次被吸入电动空调压缩机形成新的循环。

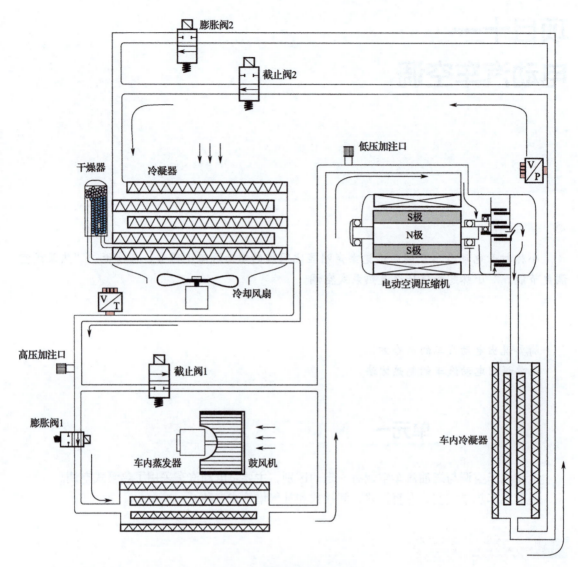

图 11-1　直接式热泵空调制冷

2. 直接式热泵空调制热

　　如图 11-2 所示，制热时，气态制冷剂经电动压缩机压缩为稍高压的制冷剂，制冷剂经车内冷凝器散热后降温，经膨胀阀 2 蒸发降为温度低于外部环境温度的气体，低于外部环境温度的气体进入车外部冷凝器后从车外空气吸热，经截止阀 1 重新进入电动空调压缩机再次升温进入车内冷凝器，车内冷凝器温度大于车内空气温度，给驾驶舱加热。

二　间接热泵式空调

　　为了解决拥挤的交通环境和获得更低的排放，宝马公司推出了 i 品牌，这是其第四个品牌——代表新能源汽车。宝马 i3 是宝马公司首款专为城市打造的纯电动量产车型，其不仅拥有更环保、更具科技感的特色。

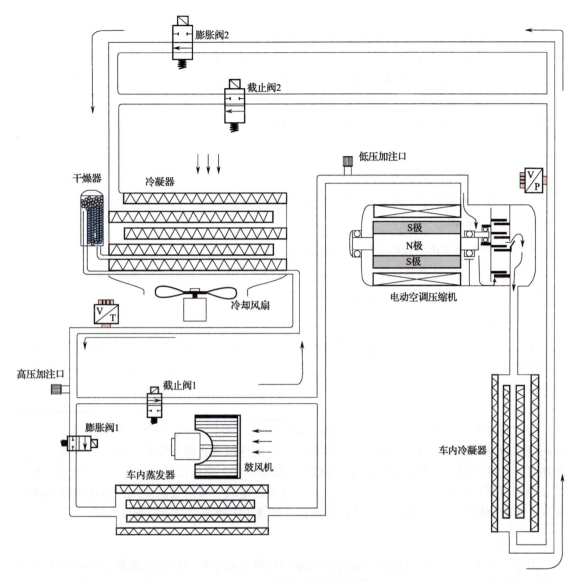

图 11-2 直接式热泵空调制热

间接热泵式空调典型车型为宝马 i3 纯电动汽车的热泵空调。与直接式不一样的是，间接式热泵空调将应内置在车内空调箱内部的车内冷凝器布置在机舱内，称之为热泵换热器或热交换器。

1. 带热泵的加热回路

宝马 i3 纯电动汽车的热泵换热器安装在冷却液泵和电加热器之间，由于使用热泵式空调制热，PTC 电加热器的电能消耗明显减少。为了获得 5kW 的输出热量，由于电阻损失，单独采用电加热器需要消耗 5.5kW 的电能。而带热泵的系统只需要 2.5kW 的电能驱动电动空调压缩机后，即可输出 5kW 的热量。因此在进行效率比较时，清晰地显示了热泵节约的能量。尽管热泵的加热效率高，但在低环境温度时热泵的加热效率也会大大下降，不能满足实车使用，因此仍需要 PTC 电加热器。

2. 热泵系统

在宝马 i3 纯电动汽车上，电机和功率电子装置（变频器、车载充电机和 DC-DC 变换器等）产生的可用废热很少。由于配置了热泵，使用电加热器的纯电动汽车续驶里程并没有明显减少。乘客舱所需的热量由带热泵的暖风空调系统提供。热泵的工作原理与暖风空调系统相反，低温高压的制冷剂流过车外冷凝器时，能从外界大气中吸收热量。而流过热泵热交换器（车内冷凝器）时，高温制冷剂释放的热能用于加热乘客舱。

3. 热泵系统主要元件

（1）自动恒温空调控制单元

自动恒温空调控制单元评估制冷剂温度和制冷剂压力信号，控制制冷剂截止阀和制冷剂电控膨胀阀等执行器。

（2）制冷剂温度传感器和压力-温度传感器

带热泵的空调制冷剂管路上有 3 个温度传感器，2 个压力-温度传感器，用于把制冷剂温度和压力值传递给自动恒温空调控制单元。

（3）制冷剂截止阀

由于空调压缩机的润滑和压缩，制冷剂不能在电动空调压缩机和储液干燥器的制冷剂管路中反向流动。按照自动恒温空调控制单元发来的指令，热泵控制器打开或关闭制冷剂截止阀。截止阀阀门用于控制制冷剂回路，可以引起制冷剂在冷凝器和蒸发器中的不同流向，使热泵有制冷、加热和混合 3 种不同的运转模式。

所有制冷剂截止阀都位于车辆的前端，制冷剂截止阀有 4 个，只能全开或全关，其中 3 个阀门在断电时打开，另一个阀门在断电时关闭。制冷剂截止阀分别安装在电动空调压缩机和热泵换热器之间；安装在电动空调压缩机和冷凝器之间；安装在蒸发器和储液干燥器之间；安装在冷凝器和储液干燥器之间，这个阀门在线圈断电时，液压通路关闭。在热泵的加热模式下，关闭的阀门打开，使制冷剂从冷凝器通过储液干燥器流回电动空调压缩机。

（4）电控膨胀阀

由于使用了热泵，高电压蓄电池冷却回路中的热控膨胀阀和组合的膨胀截止阀被 3 个电控膨胀阀取代。这 3 个电控膨胀阀使用步进电动机在 0~100% 之间控制制冷剂管路。

（5）储液干燥器

储液干燥器储存润滑用冷冻机油，保证热泵回路的正常工作。空调的储液干燥器集成在冷凝器上，不能单独更换。

（6）热泵换热器

热泵换热器将高温高压制冷剂的热量传递给暖风加热管路流动的冷却液。

4. 工作模式

汽车上安装的热泵有制冷、加热和混合三种工作模式。该热泵系统使用 1kW 的电能可以获得 2kW 的热量或 3kW 的冷气。在所有工作模式，热泵的感知温度范围是 -10~40℃。带热泵的空调制冷剂量是 970g，不带热泵的空调制冷剂量是 750g，制冷剂的质量对空调系统的正常运转非常重要。

（1）制冷模式

如图 11-3 所示，热泵在制冷模式时，制冷剂回路选用的设备与空调的标准设备完全相同。关闭制冷剂截止阀 2 和 3，打开制冷剂截止阀 1 和 4。

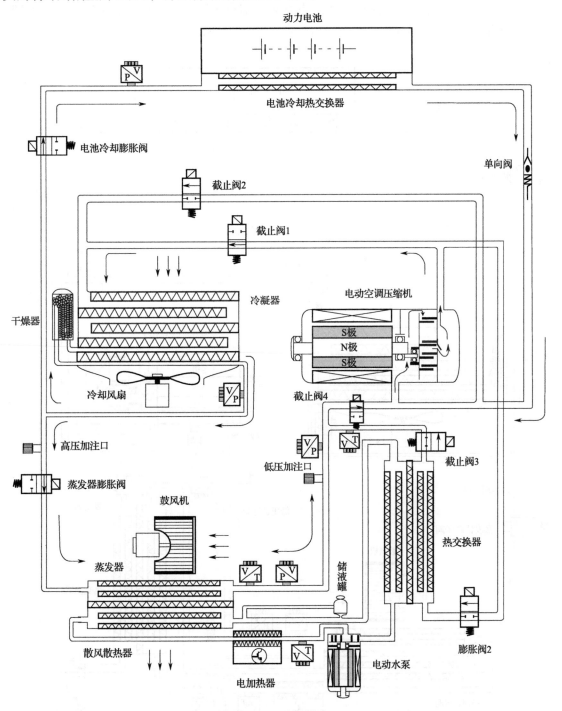

图 11-3　制冷模式

（2）加热模式

如图 11-4 所示，热泵在加热模式时，关闭制冷剂截止阀 1 和 4，打开制冷剂截止阀 2 和

3，电动空调压缩机出来的制冷剂流过热泵换热器散热后，再反向经车内蒸发器散热成为中低温的制冷剂，经膨胀阀进入车外冷凝器变为极低温的气态制冷剂，从车外空气吸热，再重回电动空调压缩机。

从电动空调压缩机出来的制冷剂流过热泵换热器散热后，将热量通过热交换器传递到暖风加热回路的冷却液，从而将热量经暖风散热器传递到车内。

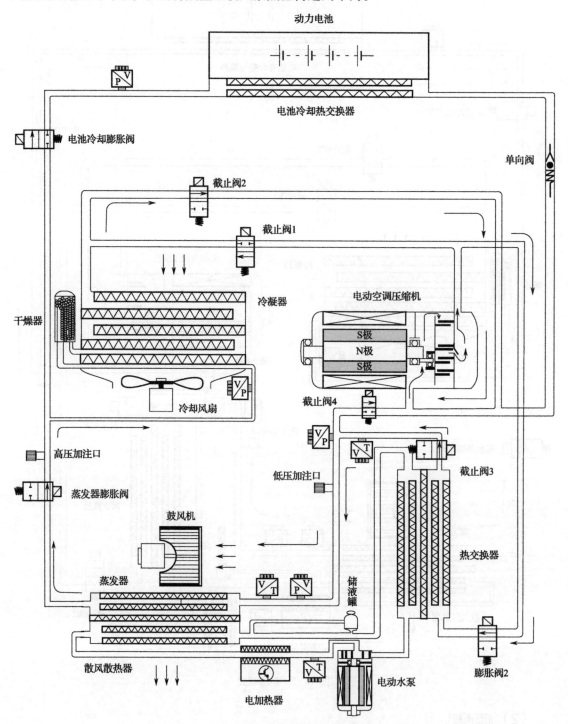

图 11-4　加热模式

（3）混合模式

如图 11-5 所示，热泵在混合模式时，打开制冷剂截止阀 1、3 和 4，关闭制冷剂截止阀 2，制冷剂不能反向流动。高温高压制冷剂分流，一方面经冷凝器散热后，冷却高电压蓄电池，并通过冷却蒸发器实现乘客舱除湿，另一路高温高压制冷剂在热泵换热器散热。当车外光线强时，不必从空调出风口吹冷气，这是带热泵空调系统的另一个优点。如果要加热脚部空间，使用热泵换热器，不必浪费电能。

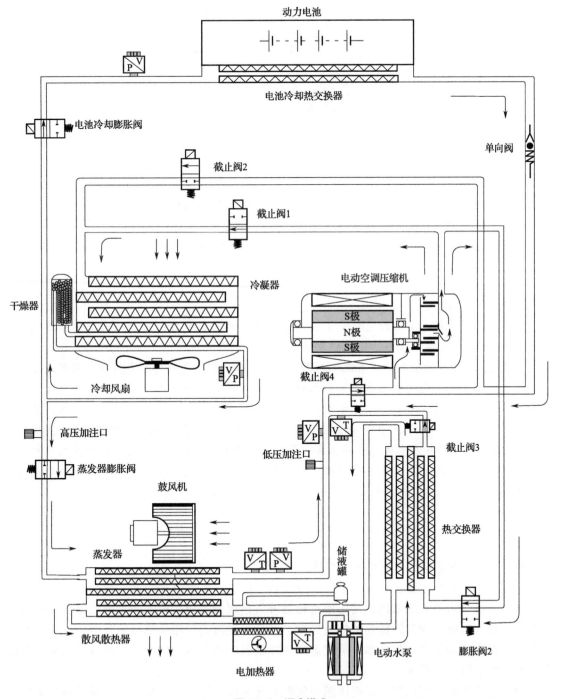

图 11-5　混合模式

三 补气增焓式热泵空调

1. 焓的定义

如图 11-6 所示，要想从无到有地在桌子上变出一只兔子，魔法师不仅要付出制造兔子的能量 U，也要付出将兔子放在桌子上排开周围空气放置兔子空间所做的功 pV，魔法师需要付出的能量 H（焓）$=U+pV$。

图 11-6 焓的定义

焓的定义是：$H=U+pV$ 其中 H 表示焓，U 表示内能。内能来自于热能，并以分子不规则运动为依据。焓由系统温度的提高而成比例增大，在绝对零度（$-273℃$）时为零点能量。这里，体积功直接视为对压强（p）引起体系体积（V）变化 ΔV 而形成的功。

所谓补气增焓是指压缩机采用两级节流中间喷气技术，采用闪蒸器进行气液分离，实现增焓效果。它通过中低压时边压缩边喷气混合冷却，然后在高压时正常压缩，提高压缩机排气量，达到低温环境下提升制热能力的目的。

技术指导 **闪蒸原理**

闪蒸原理是利用高压的饱和液体进入比较低压的容器中后，由于压力的突然降低，使这些饱和液体变成容器压力下的饱和蒸气和饱和液。

目前，生活中的很多管道系统都利用了闪蒸原理，闪蒸是一种非常快速的转变过程，方法是当流体流经局部收缩的流通面积的调节阀时产生局部阻力，使得流体的压力和速度发生一定的变化。同时，当压力为 P_1 的流体流经节流孔时，流速突然急剧增加，静压骤然下降；当孔后压力 P_1 在达到该流体所在情况下的饱和蒸气压力 pV 前，部分流体气化成气体，产生的气泡形成气液两相共存现象，称为闪蒸阶段，可见它是一种系统现象。

如果管道系统上使用了闪蒸原理，对于调节阀会有一定的破坏，能够做到的就是防止闪蒸对调节阀的破坏，这样管道系统才能更好地运行。

---

2. 系统工作原理

补气增焓式热泵空调典型案例车型是丰田普锐斯。

采用补气增焓技术的压缩机多了一个吸气口，通过产生蒸气来冷却主循环的制冷剂，蒸气从第二个吸气口进入压缩机，其压缩过程被补气过程分割成两段，变为准二级压缩过程。补气降低排气温度，同时降低其排气过热度，减少冷凝器的气相换热区的长度，增大两相换热面积，提高冷凝器的换热效率，蒸发温度和冷凝温度相差越大就会产生越好的效果，所以在低温环境下效果更明显。

中间补气涡旋压缩机在压缩机压缩中间腔补充中压气体，增加排气量，降低排气温度，提升制热能力，使热泵空调器在低环境温度也能提供足够的制热能力。同时，补气通道的开启和关闭可以作为一种容量卸载调节的辅助手段。

（1）不补气增焓时的工作原理

不补气增焓时的工作原理如图 11-7 所示，截止阀 3 通电，制冷剂经截止阀 3 直接去冷凝器。

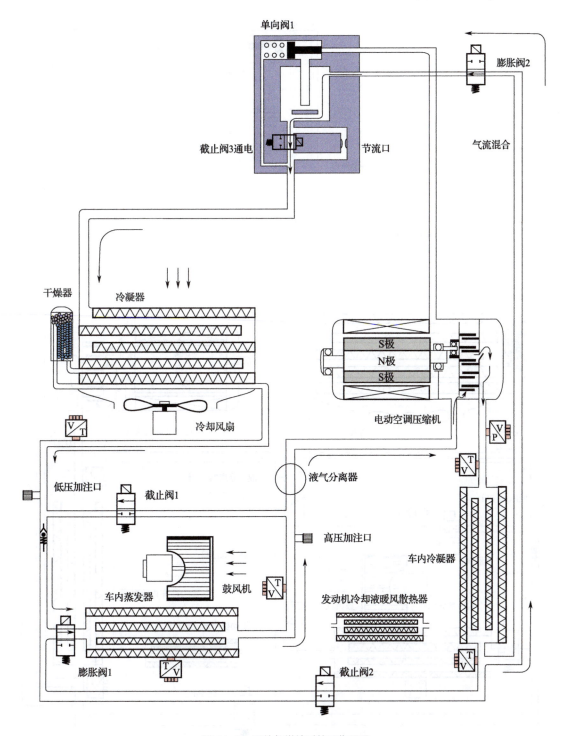

图 11-7　不补气增焓时的工作原理

（2）补气增焓时的工作原理

补气增焓时的工作原理如图 11-8 所示，截止阀 3 断电后，制冷剂经节流口去车外冷凝器，一部分经单向阀 1 回流至电动空调压缩机入口，电动空调压缩机被回气填满，增加电动空调压缩机从液气分离器吸进制冷剂的压缩能力。从而在车外冷凝器蒸发时形成更低温的气体，从车外空气吸收更多的热量。

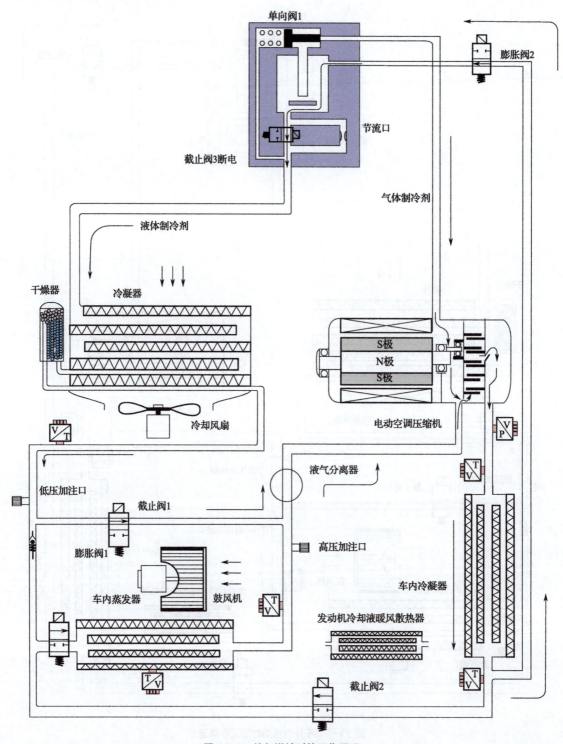

图 11-8　补气增焓时的工作原理

　　单向阀 1 的作用：一是防止电动空调压缩机在停机的瞬间发生反转；二是为了减少电动空调压缩机的余隙容积，在不补气状态下补气管路相当于余隙容积，这势必会降低电动空调压缩机的容积效率，所以单向阀 1 要靠近压缩机补气口安装以减小这部分余隙。

单元二　空调增加元件

一　PTC 加热器

　　若电动汽车采用加热器的电制热方式，加热器一般配置在驾驶席和副驾驶席之间的地板下方。加热器由可用电发热的正温度系数（Positive Temperature Coefficient，PTC）加热器元件，将加热器元件的热量传送至冷却液的散热扇。因要求加热器要有较高的制暖能力，因此，电源使用的是驱动电机的锂离子充电电池的高压，而非辅助电池（12V）。如果是纯电动汽车专用产品，也可以不使用冷却液，直接用鼓风机吹送经 PTC 加热器加热的暖风。

> **技师指导**　工程上一般 $1mm^2$ 纯铜线通常可通过 5A 电流，若 3.6kW 加热器 12V 则需要供电线为 $60mm^2$，这样的铜线又粗又硬，无法在汽车上使用。

　　PTC 元件的特性符合汽车的制暖性能要求——具备在低温区的高制暖性能。加热单元使用动力电池电压，加热器机身内部有板状加热器元件。通过在元件两侧通入散热剂（冷却液）提高散热性。加热器元件采用了普通 PTC 元件，PTC 元件夹在电极中间，具有电阻随元件温度改变的性质。在低温区，电阻低，电流产生热量，随着温度升高，电阻逐渐增大，电流变小，发热量随之降低。

　　电动汽车沿用燃油汽车的制暖结构。燃油汽车的制暖系统由发动机、冷却液、加热芯和送风的鼓风机电机组成。吸收发动机的热量温度升高的散热剂在加热芯中内部流过，车内冷空气从加热芯外部流过，为车内制暖。所以只要有暖风散热器和电动水泵就能工作。

　　目前，加热器的 ECU（电控单元）与空调系统整体是各自独立的，也可将 ECU 与加热器融为一体。汽车厂商的努力为纯电动汽车配备多个加热器元件可以使其制暖能力提高到与发动机车相当。但是，为了尽量把电池容量留给行驶，汽车厂商在设计时对制暖耗电进行了抑制。弱混电动汽车以市区行驶速度（40~60km/h）为例，在某些条件下，使用制暖时的行驶距离要短于使用制冷时。制暖时的电池消耗比制冷时的电池消耗更大。弱混电动汽车采用了手动式空调。用户按下"MAX"开关后，温控性能和风量会以最高设定值运行。目前，弱混电动汽车的制冷和制暖系统各自独立。

　　➤ **说明**：此种制热方法是目前在轿车和部分客车上采用最多的方法。

二　驻车加热器

　　纯电动汽车由于无法再利用发动机余热制暖，用电制热的方式在电池容量不高而价格高时不经济，国内一部分电动汽车采用传统燃油汽车使用的驻车加热器作为加热源（图 11-9），虽然有仍用燃油作为燃料的不足，但能促进电动汽车的进一步快速市场化。

a）气暖式　　　　　　　　　　　b）水暖式

图 11-9　驻车加热器

1.气暖式驻车加热器

气暖式驻车加热器用两个管子与驾驶舱相连，从而与驾驶舱内的空气形成一个循环。

气暖式驻车加热器的原理是电动燃油泵将油箱的柴油泵入到加热器的燃烧室，汽油在燃烧室燃烧，所产生的热量加热燃烧室外部气套中的空气，在风机的驱动下，热空气流入驾驶舱，从驾驶舱回流的冷空气进入到加热器的气套的入口，形成完整的循环。

2.水暖式驻车加热器

水暖式驻车加热系统是驻车加热器与仪表台下的原车散热器串联安装。

水暖式驻车加热器的工作原理：遥控器或定时器给 ECU 一个起动信号，计量油泵从油箱泵油并以脉冲形式将燃油打到燃烧室前的金属毡上，笔状点火器加热到 900℃左右，将喷溅的细小油滴气化，空气由燃烧空气鼓风机吸入，与汽油混合后并点燃，火焰将热能传递给发动机冷却液，电动循环水泵推动冷却液循环进入蒸发器内散热器，鼓风机吸入使车内冷空气通过散热器，把变热的空气吹入车内。

三　涡旋压缩机

1.汽车空调压缩机分类

汽车空调压缩机可分为普通压缩机、混合驱动式压缩机和纯电驱动压缩机三类。

（1）普通压缩机

普通压缩机是传统燃油汽车广泛采用的压缩机驱动类型。

（2）混合驱动式压缩机

弱混是以发动机为主体、电机为辅的车辆，采用的是传动带传动和电机驱动兼顾的混合式压缩机。

（3）纯电驱动压缩机

在一部分客车上，采用一个变频电机驱动活塞式压缩机；对于强混和纯电动汽车，早期为电机和涡旋泵二合一电动压缩机，变频器在压缩机外部，现在多为变频器、电机和涡旋泵三合一电动压缩机。

2.涡旋压缩机的结构

（1）电动涡旋压缩机组成

早期车用电动涡旋泵式电动压缩机通常采用电机和涡旋泵两者集成一体，如图 11-10a 所示。目前电动涡旋泵式电动压缩机采用电机、变频器和涡旋泵三者集成一体，如图11-10b所示。

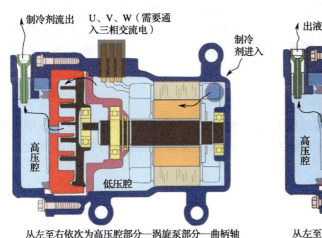

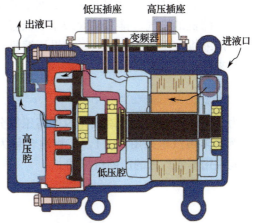

a）不带变频器的电动空调压缩机结构　　　　　b）带变频器的电动空调压缩机结构

图11-10　两种电动变频压缩机内部结构

涡旋泵包括固定蜗形叶片和可晃动的蜗形叶片组成。电机采用无刷电机，电机轴驱动可晃动的蜗形叶片在固定蜗形叶片内晃动。

电动变频压缩
机内部结构

压缩机出口内置的挡油板可降低冷冻机油的循环率，让机油更多留置在压缩机内，少量进入管路中，从而可以提高进气效率。油挡板仅可阻碍制冷循环过程中压缩机油的循环，却不阻碍气态制冷剂循环，由于管路循环中机油量减少，气态制冷剂运输能力得以提高。

（2）涡旋压缩机工作原理

固定蜗形叶片安装在壳体上，电机轴的旋转可引可晃动的蜗形叶片在定子叶片内晃动，这时由这对蜗形叶片隔开的空间大小发生变化，实现冷气的吸入、压缩和排出等功能。

图11-11所示为电动涡旋式压缩机的固定蜗形叶片和可晃蜗形叶片实物图。

a）固定蜗形叶片　　　　　　　　　　b）可晃蜗形叶片

11-11　电动涡旋式压缩机叶片

3. 涡旋压缩机电机

电动变频压缩机的涡旋泵由内置电机驱动，而电机由内置压缩机内部的变频器输出的三相交流电来驱动。这样，在混合动力汽车上，即使发动机不工作，空调系统也能工作。这样，能达到良好的空气状况，也降低了油耗。由于采用了电动变频压缩机，压缩机转速可以被控制在空调 ECU 计算的所需转速内。因此，冷却性能和除湿性能都得到了改善，并降低了功率消耗。压缩机的进气、排气软管采用了低湿度渗入软管，这样，可以减少进入制冷循环中的湿气。压缩机使用高压交流电。如果压缩机电路发生开路或短路，HV-ECU 将切断空调变频器电路来停止向压缩机供电。

4. 涡旋压缩机机油

为了保证压缩机和压缩机壳内部高压部分的绝缘性能，一般采用有高绝缘性的压缩机机油（例如丰田汽车采用 ND11，矿物油含量为 90%~100%，添加剂含量 ≤ 10%）。因此，绝对不能混用不同厂家的压缩机机油。

复习题

1. 简要说出电动汽车的制冷方法。

2. 简要说出电动汽车的制热方法。

项目十二
电动汽车制动系统

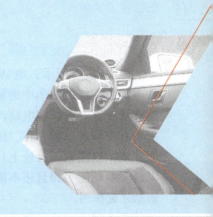

➡ 情境引入

小林的同学发现自己驾驶的混合动力汽车没有真空助力器，而制动踏板操作仍然轻便，很是好奇，于是咨询小林。小林该如何向他解释。

➡ 学习目标

简要说出电动汽车的混合制动是什么。
简要说出线控制动液压单元的工作过程。
简要说出线控系统增加的元件有哪些。

单元一　再生制动系统

一　再生制动

1. 再生制动的功能

再生制动是电动汽车所独有的功能，在减速制动（踩制动踏板或者下坡）时将车辆的部分动能转化为电能，转化的电能储存在储存装置中，如各种蓄电池、超级电容和超高速飞轮，最终增加电动汽车的续驶里程。如果储能器已经被完全充满，再生制动就不能实现，所需的制动力就只能由常规的液压制动系统来提供。现在几乎所有的电动汽车都安装了再生制动系统，从而可实现节约制动动能、回收部分制动动能，并为驾驶人提供常规制动性能。

2. 再生制动的工作过程

一般而言，当电动汽车减速、在公路上松抬加速踏板或踩下制动踏板停车时，再生制动系统启动。正常减速时，再生制动的力矩通常保持在最大负荷状态；电动汽车高速巡航时，其驱动电机一般是在恒功率状态下运行，驱动力矩与驱动电机的转速或者车辆速度成反比。因此，恒功率下驱动电机的转速越高，再生制动的能力就越低。另一方面，当踩下制动踏板时，驱动电机通常运行在低速状态。由于在低速时，电动汽车的动能不足以为驱动电机提供能量来产生最大的制动力矩，因而再生制动能力也就会随着车速降低而减小。

3. 混合制动比例分析

如图 12-1 所示，电动汽车的再生制动力矩通常不能像传统燃油车中的制动系统一样提供足够的制动减速度，所以在电动汽车中，再生制动和液压制动系统通常共同存在，称为混合制动。为了尽可能多地回收能量，设计上只有当再生制动已经达到了最大制动能力而且还不能满足制动要求时，液压制动才起作用。

再生制动与液压制动之间的协调是问题的关键所在，应该考虑如下特殊要求：

为了使驾驶人在制动时有一种平顺感，液压制动力矩应该可以根据再生制动力矩的变化进行控制，最终使驾驶人获得所希望的总力矩。

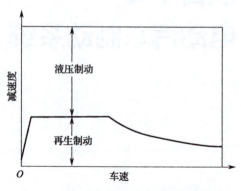

图 12-1 混合制动比例与减速度和车速的关系

同时，液压制动的控制不应引起制动踏板的冲击，因而不会给驾驶人一种不正常的感觉。

利用 ABS 扩展的 ESP 功能实现电动泵的油压提高，这要求 ABS 的 ESP 模块与整车控制系统要进行通信，可以把再生制动软件写在 ABS 模块驱动油泵、控制摩擦制动和控制制动助力的真空源。ABS 与整车控制器通信控制再生制动的强度即可。液压制动力矩是电控的，将产生的液压传到制动轮缸上。因而再生 – 液压制动系统需要防止制动失效的机构，为了提高系统的可靠性，满足安全标准，系统一般采用双管路制动，当一条管路失效时，另一条管路必须能提供足够的制动力。

二 减速度法能量回收

汽车减速度大说明驾驶人施加的制动力大，制动时是以制动减速度为目标控制，所以也根据汽车减速度进行能量回收控制。例如某后轴驱动客车利用减速度限值再生制动方法：

1. 减速度小于 0.15g

这时不会出现抱死的情况，后轴进行再生制动能量回收，仅后轴有制动，为纯再生制动工况。

2. 减速度介于 0.15~0.4g 时

后轴进行制动能量回收，同时利用 ABS 回油泵加大前轴的液压制动力，能实现制动比例的分配合理。

3. 减速度介于 0.4~0.7g 时

利用 ABS 回油泵进一步加大前轴的液压制动力，同时减小后轴的制动能量回收。

4. 减速度大于 0.7g 时

这种情况很少，后轴的制动能量回收电流过大，电池不能吸收，同时电机会剧烈振动，所以取消再生制动，完全采用摩擦制动。

在整个再生制动过程中，车辆的动能不可能完全转换为储能器的充电电能。再生制动所损失的能量包括空气阻力损失、滚动阻力损失、制动系统损失、电机损失、转换损失及充电损失等。尽管如此，现代电动汽车采用再生制动后能节省将近 20% 的能量。

三 制动力矩分配

电动汽车上的总制动力矩是再生制动力矩与液压制动力矩之和。再生制动力矩与液压制动力矩之间的分配比例及前后轮之间分配的关系如图 12-2 所示。目的是保持最大再生制动力矩的同时为驾驶人提供与燃油车相同的制动感。

当制动踏板力较小时，只有再生制动力矩施加在驱动轮上，并且与制动踏板力成正比。而非驱动轮上的制动力由液压制动提供，液压制动力也与制动踏板力成正比。当制动踏板力超过一定值时，最大再生制动力矩全部加在驱动轮上，同时液压制动力矩也作用在驱动轮上以获得所需的制动力矩。因而最大再生制动力矩可以保持不变，以便能完全回收车辆的动能。

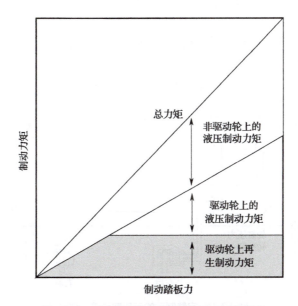

图 12-2　再生制动力矩与液压制动力矩的分配

制动系统因制动造成的管路压力（或制动踏板踏下深度越深）越高，说明经驾驶人判断需要的总制动力矩越大，非驱动轮的制动力矩一直在增加。驱动轮的制动力矩的和也在增加但摩擦力矩增加的多，再生制动转矩不增加，甚至要有减小。这就要求再生制动和 ABS 要协同工作。

两前轮独立、后轮低选的制动系统，制动压力传感器（液压传感器）监测制动系统管路的制动压力（液压或气压），有 ABS 的汽车采用车速和压力传感器（也可以是制动踏板行程开关）采集制动状态信号，根据车速算出的减速度值与设定的减速度值进行比较，然后进行控制。

四 定量制动的液压制动单元

驾驶人踩下制动踏板后，制动液压力和制动行程模拟器将结合制动踏板上的制动踏板位置传感器生成总的制动力，制动控制单元对总的制动力进行分配确定电机能量回收实现的制动力矩和液压摩擦力矩分别是多少。

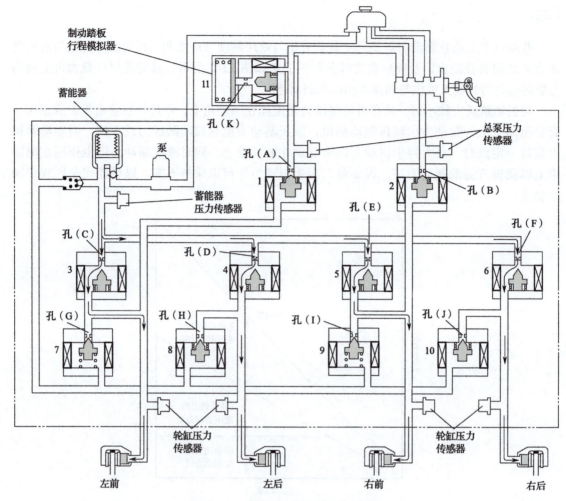

图 12-3　定量制动的液压制动单元结构

　　为了实现液压制动的定量制动，液压制动系统利用电磁阀 1~11 应能定量制动，其结构如图 12-3 所示。电动泵使制动液增压产生所需的制动力，并由每个车轮上的轮缸压力传感器进行液压压力监测，只要合理控制轮缸的压力就能实现精准的制动力矩控制。

单元二　电动真空泵

　　国内纯电动汽车和部分混合动力汽车采用带有真空助力器的制动系统即电动真空泵，因此有必要了解一下这样的制动系统。

一　真空度

　　如图 12-4 所示，真空表针的指针是反转型。在空气中表的指针指在最右侧 0 位。当气压低于一个大气压，即出现真空度时，指针开始反转，反转为负值。计算结果表明，当最小真空度为 −37.5kPa（−0.0375MPa）以上时（即表针向左摆得越多，助力效果越好），才可为制动系统提供满足设计要求的制动助力。

a）真空表（指针左转）　　　b）压力表（指针右转）　　　c）压力真空表（指针可左、右转）

图12-4　真空表指针

真空助力器安装于制动踏板和制动主缸之间，由踏板通过推杆直接操纵。助力器与踏板产生的力叠加在一起作用在制动主缸推杆上，以提高制动主缸的输出压力。真空助力器由带有橡胶膜片的活塞分为前室与后室。未制动时，发动机进气歧管将真空助力器的前室和后室抽成真空度为 -60~80kPa。制动时，后室在制动时大气阀打开，外界大气进入后室产生制动。当抬起制动踏板时，后室气体进入前室，消耗了真空，使真空度减小，助力效果下降，所以电动汽车必须有一个类似于发动机进气歧管这样的一个抽气机。

真空助力器所能提供助力的大小取决于真空助力器后室与前室气压差值的大小。当后室的真空度达到外界大气压时，真空助力器可以提供最大的制动助力。真空泵所产生的真空度的大小及速度关系到真空助力器的工作状态，真空泵的容量大小关系到助力器的性能，进而影响到制动系统在各种工况下能否正常工作。

二 真空泵控制

传统内燃机轿车制动系统的真空助力装置的真空源来自于发动机的进气歧管，真空度负压一般可达到 -50kPa（-0.05MPa）至 -70kPa（-0.07MPa）。对于由传统车型改装成的纯电动汽车或燃料电池汽车，发动机总成被拆除后，制动系统由于没有真空源而丧失真空助力功能，为了产生足够的真空，除了一个具有足够排气量的电动真空泵外，为了节能和可靠，还要为电动真空泵电机设计合适的工作时间。一般燃油汽车进气歧管会在 4~5s 使真空助力器前后腔内产生 -50kPa（-0.05MPa）以上的真空度，所以在设计电动真空泵时，电动真空泵也需在 4~5s 使真空助力器前后腔内产生 -50kPa（-0.05MPa）以上的真空度。

图12-5 所示为电动汽车真空泵电路组成。工作原理：一般当驾驶人踩下 1~2 次制动踏

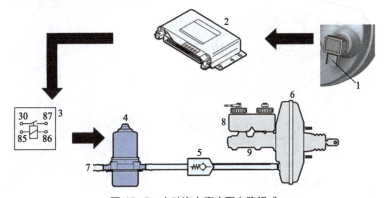

图12-5　电动汽车真空泵电路组成

1—真空度传感器　2—制动控制单元（ABS）　3—真空泵电机继电器　4—电动真空泵
5—单向阀　6—真空助力器　7—排气口　8—储液罐　9—双腔串联制动主缸

板，真空度即低于限值 –30kPa（–0.03MPa），真空度传感器 1 把检测到的电信号传给制动控制单元（ABS）2，也可以是电动汽车控制单元，真空泵电机继电器 3 工作，接通电动真空泵 4，电动真空泵 4 工作将真空助力器 6 左腔气体抽出经单向阀 5 到电动真空泵 4，从排气口 7 排出。当真空度传感器 1 检测真空度高于限值 –70kPa（–0.07MPa）时，停止真空泵电机继电器 3 工作。

1. 压力延时开关

压力延时开关也称压力开关，为常闭开关，当真空度大到一定值时断开，电动真空助力制动系统控制如下：

1）接通汽车 12V 电源，由于事先压力延时开关闭合，真空泵大约工作 30s 后开关断开，此时真空罐内压力大约为 –80kPa（–0.08MPa）。

2）当真空罐内压力增加到 –55kPa（–0.055MPa）时，压力延时开关再次闭合。

3）当真空罐内压力增加到大约 –34kPa（–0.034MPa）时，压力报警器发出信号。

如果真空泵控制开关有很明显的短时间开启和关闭，说明发生了泄漏。根据这个控制策略，设计的间歇性真空发生系统，该间歇性真空发生系统的基本工作原理为：当驾驶人起动汽车时，12V 电源接通，压力开关和压力报警器开始压力自检，如果真空罐内的真空度小于 55kPa，压力膜片将会挤压触点，从而接通电源，真空泵开始工作；当真空度增加到 55kPa 时，压力延时开关断开，然后通过延时继电器使真空泵继续工作大约 30s 后停止；每次驾驶人有制动动作时，压力延时开关都会自检，从而判断电动真空泵是否应该工作；如果真空罐内的真空度低于 34kPa 时，真空助力器不能提供有效的真空助力，此时压力报警器将会发出信号，提醒驾驶人注意车速。

2. 压力传感器

电动真空泵控制也可采用电控单元控制，只要把压力开关换成绝对压力传感器，电动真空泵通过控制单元由继电器控制即可，国内的一些纯电动汽车里，由真空助力器真空度传感器（图 12-6）、整车控制器（ECU）、电动真空泵工作继电器、真空泵电机组成的一个闭环真空度控制系统，保证制动时真空助力器能正常工作。

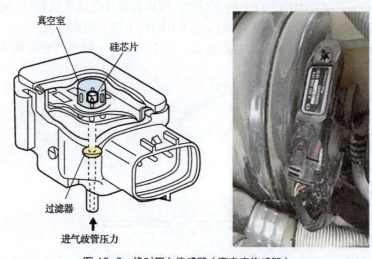

图 12-6 绝对压力传感器（真空度传感器）

复习题

1. 简要写出电动汽车的混合制动是什么。

_____

_____

_____

2. 简要写出线控制动液压单元定量控制工作过程。

_____

_____

_____

3. 简要写出电动真空泵的工作控制过程。

_____

_____

_____

参 考 文 献

[1] 赵振宁，王慧怡．新能源汽车技术［M］．北京：人民交通出版社，2013．

[2] 赵振宁．混合动力汽车构造原理与检修［M］．北京：北京理工大学出版社，2015．

[3] 陈清泉，孙逢春，祝嘉光．现代电动汽车技术［M］．北京：北京理工大学出版社，2002．

[4] 陈全世．先进电动汽车技术 [M]．北京：化学工业出版社，2007．